魁 阁 学 术 文 库
Kui Ge Academic Library

KEY RESEARCH INSTITUTE IN UNIVERSITY

U0603745

本书受教育部人文社会科学重点研究基地
云南大学西南边疆少数民族研究中心资助

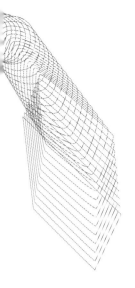

魁阁学术文库
Kui Ge Academic Library

乡村社会的文化治理

CULTURAL GOVERNANCE OF
RURAL SOCIETY

李佳 著

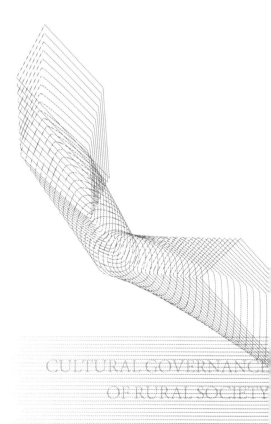

社会科学文献出版社
SOCIAL SCIENCES ACADEMIC PRESS (CHINA)
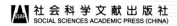

"魁阁学术文库" 编委会

"魁阁学术文库"总序

1939 年 7 月，在熊庆来、吴文藻、顾毓琇等诸位先生的努力下，云南大学正式设立社会学系。在这之前的 1938 年 8 月到 9 月间，吴文藻已携家人及学生李有义、郑安仑、薛观涛辗转经越南从河口入境云南，差不多两个月后，其学生费孝通亦从英国学成后经越南到昆，主持云南大学社会学系附设的燕京大学 – 云南大学实地研究工作站（亦称社会学研究室）。1940 年代初，社会学研究室因日军飞机轰炸昆明而搬迁至昆明市郊的呈贡县魁星阁，"魁阁"之名因此而得。此后差不多 6 年的时间里，在费孝通的带领下，"魁阁"汇集了一批当时中国杰出的社会学家和人类学家，如许烺光、张之毅、田汝康、史国衡、谷苞、胡庆钧、李有义等，进行了大量的田野调查，出版了一系列今日依然熠熠生辉的学术精品。由于吴文藻、费孝通、杨堃等诸位先生在 1940 年代的努力，云南大学社会学系及其社会学研究室（"魁阁"）成为当时全球最重要的社会学学术机构之一，其中涌现了一大批 20 世纪中国最重要的社会学家、人类学家。"魁阁"因其非凡的成就，成为中国现代学术史上的一个里程碑。

"魁阁"的传统是多面相的，其主要者，吴文藻先生将之概括为"社会学中国化"，其含义我们可简单概括为：引进西方现代社会科学的理论与方法，以之为工具在中国开展实地研究，理解与认知中国社会，生产符合国情的社会科学知识，以满足建设现代中国之需要。

为实现其"社会学中国化"的学术理想，1940 年代，吴文藻先生在商务印书馆主持出版大型丛书"社会学丛刊"，在为"社会学丛刊"写的总序中，吴先生开篇即指出，"本丛刊之发行，起于两种信念及要求：一为促使社会学之中国化，以发挥中国社会学之特长；一为供给社会学上的基本参考书，以辅助大学教本之不足"。丛刊之主旨乃是"要在中国建立起比较社会学的基础"。"魁阁"的实地研究报告，如费孝通的《禄村农田》、张之毅的《易村手工业》、史国衡的《昆厂劳工》、田汝康的《芒市边民的摆》等多是在"社会学丛刊"乙集中出版的。

80多年前，社会学的前辈先贤正是以这样的方式奠定了中国社会学的基础。为发扬"魁阁"精神，承继"魁阁"传统，在谢寿光教授的主持下，云南大学民族学与社会学学院和社会科学文献出版社共同出版"魁阁学术文库"，以期延续"魁阁"先辈"社会学中国化"的理论关怀，在新的时代背景下，倡导有理论关怀的实地研究，以"魁阁学术文库"为平台，整合社会学、人类学、社会工作、民族学、民俗学、人口学等学科，推进有关当代中国社会的社会科学研究。受"社会学丛刊"的启发，"魁阁学术文库"将包含甲乙丙三"集"，分别收入上述学科综合性的论著、优秀的实地研究报告，以及国外优秀著作的译本，文库征稿的范围包括学者们完成的国家各类课题的优秀成果、新毕业博士的博士学位论文、博士后出站报告、已退休的知名学者的文集、国外优秀著作的译本等。我们将聘请国内外知名的学者作为遴选委员会的成员，以期选出优秀的作品，贡献世界。

是为序。

第十三届全国人大常委会委员、社会建设委员会副主任委员
中国社会科学院学部委员、社会政法学部主任

云南大学党委书记

目　录

导　论

第一节　选题缘由与研究意义

一　选题缘由

"推进国家治理体系和治理能力现代化"这个重大命题被提出以来，治理成为一个社会实践探索、国家制度设计和学术理论分析汇聚的重力场。在传统社会向现代社会转型过程中，乡村社会的封闭性不断被打破，乡村社会摁入更大的地域社会、现代国家乃至全球的不同结构。由于传统社会的复杂性加剧，原有的治理要素趋于碎片化，无法系统性地发挥作用，传统治理如何与现代治理相契合成为至关重要的问题。

在社会转型和现代性发展的愿景里，乡村必有其重要的地位，乡村的发展，无论是在文化层面还是在国家政策层面，都必须受到重视。在现代社会的发展中，乡村话语始终有一种紧张感，但视乡村为停滞和混乱的代名词的观点受到来自经验的挑战，乡村社会在现代性下被撕裂的观点很大程度上来自摇椅上的社会科学学者的主观臆测，这种臆测伴随着这些学者的知识型构占据制高点成为主流话语，使得断裂、撕裂、变迁等词语在乡村社会研究中被滥用。乡村社会秩序没有发生耸人听闻的言论中的崩溃，虽然经历了多次社会和经济结构的调整，在不断变化的表象下，乡村社会的内在结构和文化特征相对稳定，乡村社会关于治理的观念、礼俗、惯习和制度将会为现有的治理方式提供路径依赖。

在现代转型过程中，乡村社会的确存在着治理结构性空洞，在国家权威资源和地方文化之间缺乏联结和契合，尤为明显的是在国家治理之外，乡村社会自身在公共事务中的动员和组织能力薄弱，集体行动能力下降。在未来乡村治理的重构中，国家和地方性知识是重要的维度，而乡村社会经验能构成中国乡村基层社会治理的基本资源。当前，在寻求社会资源合理化使用的语境中，文化作为重要的资源被引入治理领域，文化治理成为一个越来越频繁出现的新兴关键词。文化作为重要的治理资源受到重视，是目光敏锐的社会学者关切现实和反思政策实践的结果。在现有的乡村治理制度框架中，政府构成了乡村体制性主体，治理主体的权威性和合法性来自国家的刚性资源。而乡村社会内部的文化，作为治理资源长期未能发挥积极作用，因此，激活乡村文化在治理中的功能具有重要的意义。以内生性的文化作为乡村治理的重要资源，不但能有效地配置资源，而且能使乡村社区实质性地进入现代治理环节，使得治理不再只是以政府为中心的治理，还是政府、乡村社会及其他主体围绕公共权利和资源配置进行的活动。

二 研究意义

本书以文化为重要的资源来分析乡村治理问题，既体现了理论上的有益探索，也反映出对乡村现实问题的关切，期望通过理论上的推进，在乡村治理问题上提出合理务实的政策建议。

在学术价值上，本书将文化作为乡村治理的重要资源加以阐释，尝试分析乡村社会的文化与治理之间相互作用的机制机理及其表现形式。本书的研究体现了较为宏观的学术理路，一定程度上拓展了乡村治理研究的既有单一视角，将乡村社会文化治理作为一个系统而非单一的问题进行研究，摆脱了单一的分析路径和方法，将其置于较为宏观的乡村社会经济文化体系中进行分析。社会治理是一个"关系丛"，是多种元素共同作用的结果，乡村社会的各个制度不是孤立存在的，而是紧密相连构成一个整体并发挥作用。本书试图打破二元对立的理论视角，在对传统与现代、国家与社会相互关系的分析中，认为传统与现代的关系并不是对立的，现代中往往存续传统的力量，因此，现代治理中不能抛弃传统的治理资源；在分析国家治理与乡村社会的复杂关系时，打破了之前学术界将国家与社会视为对立方的观念，认为中国国家与社会呈现混融的特征，不但在传统社会时期如此，在现代社会这个特征依然十分突出，国家与乡村社会在治理上的历史传统，为当今的社会治理提供了路径依赖。但国家和乡村社会在治理上的目标和逻辑的分异，导致了其治理技术、治理手段的差异，最终影响到治理效果。

在应用价值上，本书通过分析传统乡村治理的资源和路径，认为乡村社会关于治理的观念、礼俗、惯习和制度将会为现有的治理方式提供路径依赖，这些都是重要的治理资源，弃之不用既会造成社会资源的浪费和流失，增加社会公共管理成本，也会导致现代治理模式在乡村运行的无效，产生严重的社会后果。相关论述较合宜务实，远非空泛的政策建议，对公共政策的制定或会产生良好的影响。

第二节　主要方法与分析框架

一　主要方法

在研究方法上，通过理论著作、学术期刊论文等相关文献，在吸收和借鉴国内外相关研究成果的基础上，本书从政治学、民族学等多学科交叉的综合视角，对已有的学科理论和前沿成果进行系统的梳理和分析，为自身的研究寻找理论切入点和构建适合的理论框架。在澄清核心概念和推进理论发展的基础上，结合经验研究的成果，充分考虑到乡村治理的传统路径和现有制度的体系特征，从共时性和历时性的双重维度对文化在乡村治理中的功能进行阐述。

运用人类学、民族学的田野调查方法，深入乡村，以村庄为个案进行深入的调查研究。具体方法包括入户访谈、问卷调研、重点专访、座谈会等。通过田野案例，将学术修辞变为可观察和实证的运用过程。本书的最后部分选取具有典型特征的田野点作为乡村社会文化治理的观察场，在前述的理论研究之后，力求在田野点中开展对细节的描述，将治理的宏大叙事和宏观结构通过村民的"日常生活"展现出来。通过对田野点的深入观察，在村民的生活图景中，可以看到文化治理的内在结构、运行逻辑等。

虽然由于文化类型的多样性和治理的复杂性，很难将从一地的文化特征推导出的结论作为普适性的经验验证，但基于某一田野点的考察，在排除了异质性特征后，仍然可以部分地对普适性理论进行证实或证伪。

二 分析框架

本书分为宏观理论探讨、微观个案分析和结语三个部分，宏观理论探讨部分除导论外分为五章，构成主体，第六章为微观个案分析，最后为结语部分，整体框架如下。

第一章针对"文化治理"进行了概念的澄清和理论的推进。目前，文化治理一词还停留在混乱使用或"修辞"的阶段，概念的阐明、澄清和理论的推进至关重要。通过系谱的梳理发现，欧洲的文化研究传统和西方公共行政学的治理理论，构成了文化治理的主要理论基础和话语资源。吸收了这些理论成果，加之对现实具有强烈关怀的研究取向，文化治理研究形成了批判性、开放性和实践性的整体特征。文化治理的核心意涵，是突出文化作为工具、手段和资源在社会治理中的功能，以社会规范和价值认同为核心范畴，以权力关系的重构为机制，以国家、社会、公民等多元力量为主体。在西方历史经验之上产生的文化治理理论，与中国社会的本土经验产生紧张感；基于中国实践的文化治理探索，突破了原有的理论框架，并融合了本土的治理传统和治理经验，拓展了不同于西方治理的实践可能性，形成了有别于西方语境的分析工具和话语体系。

第二章将村庄作为乡村社会文化治理的研究单元。这一章通过分析村庄研究范式的形成、演变及突破，结合当今村庄的复杂特征，认为村庄是理解中国乡村社会转型发展的重要切入点，又考虑到研究边界和对象的可把握性，以及村庄的共同体特征与文化治理的密切关系，最终将村庄确立为文化治理的基本研究单元。当前村庄形态发生了巨大的改变，从小型均质的社会单元变为在复杂的现代社会中不断演进的、单一形态与多元混合形态并存的社会单元。但在村庄的具体形态发生很大变化的前提下，村庄仍然是一个政治、制度、文化的实体，也是心理结构、文化结构的实体和集体记忆的容器。基于村庄的具体形态与其文化内核之间的演变关系，将村庄作为分析单元在当今社会依然可行。

第三章分析乡村社会文化治理的内生基础。这一章在理论上预设乡村存在文化治理的基础，以文化为基础的社会组织方式和结构方式是重要的治理资源。首先分析了乡村非正式权力的来源及其特征，旨在说明权力是社会关系的集合，其中既有政治、经济和宗教信仰等方面宏大的社会关系，也包含家庭、亲朋等微观的社会关系，并透过权力与文化的联结，分析权力在乡村社会中发挥作用的机制。然后通过对公共空间与公共事务的关系，仪式和互助传统的凝聚、团结、规训等功能的分析，肯定了乡村社会通过内生的文化资源，在一定程度上促成了社区的治理和乡村公共事务的自我管理，认为乡村只有通过自身的基础和内部动力系统来达成治理的目标，才能真正地形成治理的可持续机制。

第四章将市场化与人口流动作为乡村社会文化治理的外部冲击力量和相关领域，对其进行了深入的分析。乡村社会转型发展中出现市场化和人口流动性的鲜明特征，这一章将这两个要素的分析置于较为静态的村庄之上，并探究市场化与人口流动带来的变迁如何影响文化治理的可能走向。市场化和人口流动过程是农民的经济行为、交往行为与政治观念变迁的核心过程，这些变迁在一定程度上解构了乡村共同体的内聚、紧密特征。但市场化和人口流动对乡村社会结构变迁的作用是十分复杂的，既有解构性作用，又有建构性作用，文化减轻了变迁下乡村社会的震荡，对原有的乡村共同体起到了稳定的作用，并产生了新的乡村社会发展要素。

第五章分析了乡村社会文化治理与国家治理之间的契合与冲突。国家治理的宏大目标，必须下沉到基层社会来实现，在下沉过程中，治理的方式与成效极大地受到乡村文化的影响。这一章在对传统"国家－社会"分析框架进行批判的基础上，提出了中国国家与社会混融的特征，在此前提下展开分析。通过对乡村文化与中国文明史源流的分析，提出了"礼失求诸野"的命题。在具体的实践中，两个异质性的系统互嵌互构，但治理目标、手段的差异性和不同的运行逻辑导致了张力和冲突。国家与乡村社会多重不一的目标和利益的博弈是常态，并不意味着治理的危机，良性和适度的紧张有利于双方关系的调适，经过不断试错和纠错，最终形成双方合理的边界。目前的社会治理，应该重新调整国家与乡村社会的关系，不宜过分压缩乡村社会的发展空间，应让乡村社会享有更大的自主权，认可差异性，并借助乡村社会的内部结构性力量增强治理效力，从而增进国家整体福祉。

第六章为微观个案分析部分，通过对田野点的深描，来观察文化治理的实践，呼应和观照前一部分宏观理论的阐释。基于对典型性、复杂性和动态性特征的考量，以大理滇沙作为观察文化治理实践的田野点。首先通过对滇沙空间的生产、争夺与公共生活的分析，将其置于物质和文化的观察场域中，借此了解本地民众的思想图式。其次通过对民间信仰和节庆仪式协作的描述，分析文化在社会秩序建构中的治理功能。最后通过对滇沙的基层政治样态的描述，说明乡村文化网络及行为惯习等形成的层层相扣的社会文化结构，作为隐藏的治理文本，极大地影响了国家治理的效果，认为只有通过公开文本和隐藏文本的相互赋权与部分权力的让渡，才能形成平衡的社会治理机制。

最后一部分为结语，从基点、视域和愿景三个方面简要总结了本书的核心理念，得出研究结论。

第三节　概念界定与核心观点

一　概念界定

明晰的概念是相关研究的起点，也是研究得以逻辑自洽的理论基点。国内的研究中，"文化治理"一词虽然被越来越频繁地使用，但使用仍较为混乱。

本书首先通过对文化治理理论原点的追溯，把概念还原到其生发的语境中，以帮助人们理解概念的本初意涵；其次注意到文化治理具有强烈的实践性取向，理论和实践的相互发展和印证，促进了概念的丰富和理论的突破。在此基础上，确定了本书的文化治理的概念：文化治理是指在将复杂的文化作为治理资源抽绎出来，并将其作为一个重要的因素纳入社会治理的分析框架的前提下，通过其内蕴的价值规范和弥散性的社会关联，在实践中将文化转化为社会规范和理念，以实现社会整合的综合性机制。文化治理概念最核心的部分强调的是文化的社会治理功能。

需要着重指出的是，由于文化的公共性、多样性特质，在文化与治理两个词语叠合使用的过程中，文化同时具有对象性和工具性的特征，既可能是治理的对象，也可能成为治理的工具、手段和资源。可将这两个词语的组合以动宾结构和主谓结构分别表达为"治理文化"和"文化治理"，前者将文化视为治理的对象，后者将文化视为治理的资源。由于任何治理活动都指向一定的对象，因而对象性并不是文化治理的全部范畴。需要澄清的是，本书不是将文化视为治理的对象，而是将文化视为治理的重要资源，分析文化的治理功能的发挥。

二　核心观点

本书以乡村社会的文化治理为研究主题，认为乡村社会的文化和历史经验构成治理的重要资源，试图使深潜于社会组织和结构中的文化作为治理资源明晰显现出来，探讨文化在乡村治理中的作用。村庄是具有共同体特征的包括经济、社会和文化结构的系统，也是治理的基本单元，村庄内部的非正式权力结构和社会组织方式构成文化治理的基础，通过层层叠叠、相互套嵌的民间信仰与仪式和互助传统等文化网络，发挥着社会整合、动员、规训和情感凝聚等治理功能，形成对乡村公共事务的自主性管理。在此基础上，针对社会转型发展对乡村形成冲击的事实，分别从市场化与人口流动两个方面，阐释乡村社会的重要变化及文化治理的回应，认为文化系统具有相当强的弹性和韧性，会进行有效的调适，减轻变迁下乡村社会的震荡，并为应对新的社会变化发展出复杂的适应性文化特征。文化治理与国家治理形成复杂的互动，文化源流的分化与融通、治理实践中的演化与互嵌，可以反映出双方的契合与互构，但治理目标、手段的差异性和运行逻辑的不同，导致了异质性治理主体之间的张力和冲突，不过良性和适度的紧张有利于双方关系的调适和确立合理的边界。

研究认为，在长期的试错和纠错中，乡村社会发展出一套以文化调适为主要机制的社会治理系统，这套治理系统能有效提供低层次的公共产品。在乡村社会从简单的传统社会转变为复杂的现代社会的过程中，原有的治理资源碎片化，无法系统性地发挥作用，需要进行改进，进入国家现代治理的范畴。新的治理系统并不是必须建立在传统社会文化格局被完全颠覆的基础之上，而是需要找寻传统治理与现代治理的有效契合路径。国家应该发挥更重要的作用，借助文化的治理功能，打造一个具有管理公共事务和自我成长能力的乡村共同体。

第一章 文化治理：概念的澄清与理论的推进

文化治理研究的兴起，蕴含着批判知识叙事的话语逻辑。社会科学范式与学术话语一度以宏大叙事和中心典范为特征，抽象性、普遍性和中心性成为学术领域中的主流话语特征，中心和典范的分析范式在描述与解释现实社会时，以非此即彼的简单化特征引致叙事危机，并遮蔽了对文化中复杂的社会关系的研究。文化治理的研究，包含了之前不被认可的日常生活中的某些意义和价值，其范围延伸到制约社会关系的制度结构、社会成员借以交流的独特方式等。① 文化治理也意味着解构了权力中心观，在权力分布和结构中，强调多层级、多中心和异质性特征，因而涉及错综复杂的等级组织、平行的权力网络，或其他跨越不同级别政府和职能领域的机构之间形成的复杂的相互依存形式。②

第一节 相关研究现状

一 文化治理的歧义

20 世纪 80 年代以来，社会科学发生的"文化转向"，将文化研究带入社会学主流研究之中，文化对社会的形塑和构建作用受到重视，使研究范式得以拓展，但文化的内涵变得更加复杂，围绕文化治理的争论也不断

---

① 雷蒙·威廉斯：《文化与社会：1780—1950》，高晓玲译，商务印书馆，2018。
② 鲍勃·杰索普：《治理的兴起及其失败的风险：以经济发展为例》，《国际社会科学杂志》（中文版）2019 年第 3 期。

产生。

国内的研究中，"文化治理"一词虽然被越来越频繁地使用，但很大程度上还停留在混乱使用或"修辞"的阶段。混乱使用是指在没有明确所指的情况下使用这一词语，有时甚至将其用于莫衷一是、前后矛盾的语境中。由于文化的公共性、多样性特质，在文化与治理两个词语叠合使用的过程中，文化治理具有多重意涵，其中文化同时具有对象性和工具性的特征，既可能是治理的对象，也可能成为治理的工具、手段和资源。由于任何治理活动都指向一定的对象，因而对象性并不是文化治理的全部范畴。在使用文化治理这一概念时，大部分学者并未明确清晰地界定其内涵，概念的混淆造成学者们无法在同一个范式里进行讨论，产生很大的歧义，从而引发争论。① 另一些学者的分析既将文化作为治理资源分析，又将文化作为治理对象分析，并时常在二者之间切换和摇摆。这样的分析虽然面面俱到，但很难完全实现逻辑的一致。②

"修辞"是指这一词语被作为策略性概念或流行性话语使用，其概念指涉不明确，因意义复杂而被泛化使用，经不起严格的推敲。一些学者从较为宏观的角度，将文化治理作为国家经济、政治、文化、社会、生态五大领域整体治理方略之一，并从国家文化体制改革、文化产业发展和公共文化服务等角度进行论述，阐释的是国家治理在文化建设领域的延伸，强调了除政府之外，市场和社会在治理中的主体作用。③ 但这些分析并未揭示在当前环境下市场和社会参与治理的真正机制和路径，实质上没有突破传统的行政管理理念和框架，并未出现真正的范式转换，不过是在修辞上进行了词语的替换而已。

台湾学者对文化治理的关注较早，以王志弘的研究最具代表性，他吸收了福柯等人的思想，将文化治理视为政治经济的复合场域，强调了符

---

① 竹立家：《我们应当在什么维度上进行"文化治理"》，《探索与争鸣》2014年第5期。
② 吴理财：《文化治理的三张面孔》，《华中师范大学学报》（人文社会科学版）2014年第1期。
③ 胡惠林：《当代中国文化治理的历史逻辑与基本特征》，《治理研究》2020年第1期；景小勇：《国家文化治理体系的构成、特征及研究视角》，《中国行政管理》2015年第12期；吴理财：《公共文化服务的运作逻辑与后果》，《江淮论坛》2011年第4期。

号、象征等观念的意义。他将文化治理定义为"借由文化以遂行政治与经济（及各种社会生活面向）之调节与争议，透过各种程序、技术、组织、知识、论述和行动等操作机制而构成的场域"①，与"权力规制、统治机构和知识形式的复杂丛节，透过再现、象征、表意作用而运作和争论的权力操作、资源分配，以及认识世界与自我认识的制度性机制"②。他将文化认同等元素运用于分析地域发展策略，来说明文化治理的具体实践。但这样的文化治理概念招致学术界批评，被认为过于繁杂而难以把握，并缺乏内在逻辑的自洽性。③ 此外，王志弘的文化治理概念不够简洁和明晰，从而降低了其解释力。

虽然目前文化治理这一概念的使用原则处于不清晰的阶段，但在积极的意义上，这体现了文化治理概念的弹性和包容性，文化治理理论的来源复杂，这些理论出自不同的学科背景和不同的逻辑语义。这为研究带来了困难，但体现了理论丰富性。各种来源不一的文化治理理论的价值在于，它们提供了各种组织框架和概念框架，成为彼此的参照系统，使文化治理的相关研究在多样化的范式中得以不断发展。虽然对文化治理的概念和内涵还缺乏清晰的共识，但无论是在学术场域还是在意识形态话语中，文化治理都成为被广泛认可的理念，并在政策导向和政策实践中扮演了重要的角色，成为现有社会问题的解决方案之一。

二　乡村治理中的文化理论范式

乡村问题是政治学、人类学、社会学、经济学等多种学科长期关注的主题，因此，乡村治理研究有不同的理论进路与面向。从研究范式来看，理性主义范式、结构主义范式和文化理论范式可以大致涵括现有的乡村治理研究，乡村治理研究体现出不同学科的方法与视角在同一研究原点上的融合与贯通。

---

① 王志弘：《文化如何治理？一个分析架构的概念性探讨》，《世新大学人文社会学报》2010年第11期。
② 王志弘编《文化治理与空间政治》，台北：群学出版有限公司，2011。
③ 吴彦明：《治理"文化治理"：傅柯、班奈特与王志弘》，《台湾社会研究季刊》2011年第2期。

　　理性主义范式来源于规范经济学和理性主义哲学，试图以理性为出发点来解释乡村治理中个体的行为逻辑和动力机制，① 这些分析有一定的合理性，但以个体理性为基础的分析，遮蔽了整体的社会结构和文化的深层次影响力。结构主义范式以徐勇、贺雪峰等学者为代表，他们以治理结构本身为研究重心，关注中国当代政治现代化进程中乡村遭遇的重大问题，在对村民自治、县乡治理、国家建构等方面的研究上卓有建树，表现出对现实问题的强烈关怀，并分析乡村治理的外在条件、内在机制和内生基础，构筑了乡村治理研究的宏观、中观、微观层次。② 另有一批学者以个案研究为基础，在国家与社会框架中建构起自己的理论，试图提出普适性的乡村治理方案。③

　　文化理论范式的分析集中于人类学和文化学领域，汉学人类学家马林诺夫斯基（Bronislaw Malinowski）、莫里斯·弗里德曼（Maurice Freed-man）、施坚雅（G. William Skinner）、王斯福（Stephan Feuchtwang）、杜赞奇（Prasenjit Duara）、郝瑞（Stevan C. Harrell）均对中国乡村问题的研究提出了自己的见解，尤其在一般理论和研究方法的建构方面做出了开拓性的贡献，其中杜赞奇的分析涉及了乡村治理，他认为文化网络是乡村社会政治的核心概念。④ 早期的本土研究者如费孝通、林耀华等，汲取吴文藻的社区研究方法，在与西方文化观念的对话中展开了具体的乡村研究，建构了经典的研究范式和理论体系。之后的学者承继并开拓了这方面的研究，王铭铭的《社区的历程》《村落视野中的文化与权力：闽台三村五

---

① 王淑娜、姚洋：《基层民主和村庄治理——来自8省48村的证据》，《北京大学学报》（哲学社会科学版）2007年第2期。
② 徐勇：《乡村治理与中国政治》，中国社会科学出版社，2003；徐勇：《现代国家、乡土社会与制度建构》，中国物资出版社，2009；贺雪峰：《乡村治理的社会基础——转型期乡村社会性质研究》，中国社会科学出版社，2003。
③ 吴毅：《缺失治理资源的乡村权威与税费征收中的干群博弈——兼论乡村社会的国家政权建设》，《中国农村观察》2002年第4期；于建嵘：《失范的契约——对一示范性村民自治章程的解读》，《中国农村观察》2001年第1期；项继权：《乡村关系行政化的根源与调解对策》，《北京行政学院学报》2002年第4期；仝志辉：《村民选举权利救济与村民自治的社会基础建设》，《江苏社会科学》2004年第4期。
④ 杜赞奇：《从民族国家拯救历史：民族主义话语与中国现代史研究》，王宪明等译，江苏人民出版社，2009。

论》，王铭铭与王斯福主编的《乡土社会中的秩序、公正与权威》等著作对基层政权、民间社区权力的研究，反映出对乡村文化结构与社会模式关系进行探索的努力。

目前乡村治理的研究已经形成了坚实的理论基础和成熟的分析范式，从各个学科对乡村治理研究的分析中可以看到，对乡村社会进行纯粹的技术或经济的分析，往往导致乡村整体复杂图景把握的无效性。对乡村治理结构的分析中，文化因素作为非实然的存在，其作用被含糊笼统地概括，甚至被遮蔽。很长一段时间，文化在乡村治理结构的分析中，处于"不在场"的状态。人类学家对乡村文化与社会结构的创造性解释十分深刻，把文化作为乡村治理资源来进行的分析还有待充实，例如，剔除了对深层文化机制的考量，分析结论是片面不完整的。本书试图将乡村治理的讨论还原到文化中，将深潜于社会结构中的文化作为治理资源清晰展现出来，探讨文化在乡村治理中应具有的地位。

第二节　文化治理的理论基础与话语资源

文化治理的理论基础和话语资源主要来自欧洲的文化研究传统和西方公共行政学的治理理论。这两个理论资源既有不同的产生背景和内置逻辑，又在某些点上实现融会贯通，基本构建了文化治理的核心观点。文化治理研究汲取了其中相关理论的基本观点、话语资源和对现实强烈关怀的研究取向，形成了批判性、开放性和实践性的整体特征。

一　理论系谱之一：欧洲文化研究传统中关于文化与治理关系的研究

二战后的西方马克思主义者聚焦于文化和哲学批判，以法国阿尔都塞（Louis Althusser）为代表的结构主义、意大利葛兰西（Antonio Gramsci）的文化领导权理论等，对文化与治理的关系都有过论述。20 世纪 60 年代，以伯明翰学派出现为标志，文化研究成为一个重要的学术领域，他们将文化作为重要的社会治理资源进行研究，并将文化带入政策领域，提供了文化治理的主要理论资源。70 年代以来，法国思想家福柯（Michel Foucault）在文化研究中明确提出"治理术"的概念，并对此进行了具有启发性的解释。

在后现代主义背景下，欧洲文化研究传统中关于治理的研究，经历了从权力分析、意识形态分析到聚焦于文化的过程。葛兰西首先将社会主义理论的重心转移到对文化领导权相关问题的阐释上，推动了文化与社会相关理论的发展。英国伯明翰学派关于文化与治理的关系的探究，深受"葛兰西转向"思潮影响。伯明翰学派的雷蒙·威廉斯（Raymond Henry Williams）和托尼·本尼特（Tony Bennett），从马克思主义理论传统出发，将审美意识形态机制的理论，运用到以文化为中心的研究中。雷蒙·威廉斯对文化定义的拓展和对狭义、广义文化的区分，奠定了文化治理理论的基础。相对于狭义的"智性、精神和审美发展的一般过程"，雷蒙·威廉斯将广义的文化定义为"整体的生活方式"。[①] 这赋予了文化更丰富的意义，并使广义的文化进入政策研究成为可能。托尼·本尼特的重要贡献在于，与早期关于"意识形态"的话语不同，他将文化与政策理论地、实践地、制度地结合起来，从而将文化研究引入治理领域。本尼特阐述了关于文化治理性的系统理论，形成了系统性的对文化与治理关系的阐释，尤其是在公共政策方面分析了文化与治理的关系，他认为，在文化研究中"需要将政策考虑进来，以便把它视作特别的治理领域"[②]。英国伯明翰学派对文化治理的论述，主要以公共博物馆等为独立治理场域进行实证分析，未形成对国家文化治理的全面论证，但为文化治理的可能性拓展了理论空间。

法国社会思想家福柯在 20 世纪 70 年代阐述的相关治理理论，对当时的知识图景产生了很大的冲击。为了延展其权力研究逻辑，福柯提出了"治理术"的概念，使自身对治理的理解超越了之前的简单化框架，一定程度上解构了基于权力的治理经典话语，向前推动了治理理论的发展。福

---

① Raymond Henry Williams, *The Long Revolution*（Columbia：Columbia University Press，1961），pp. 62 – 64.
② 托尼·本尼特：《文化、治理与社会——托尼·本尼特自选集》，王杰、强东红等译，东方出版中心，2016。

柯"治理术"理论中的治理有三个重要特征：整体性、多向度和动态性。整体性是指福柯认为治理不只是以人或事物为对象的活动，而是一个整体，包括了程序、策略、技术等，在其中权力得以施行；多向度是指治理是多向度的，不是自上而下的简单压制，而且在权力运行过程中会不断被翻转、颠覆和抵消；动态性是指福柯认为国家治理是一个不断变化的动态过程，西方经历了从司法国家、行政国家发展到治理国家的过程。① 除了国家治理，福柯治理概念阐释中最具有启发性的是自我治理技术的阐释，他通过全景敞视监狱的隐喻，说明了自我治理中的规训与惩戒的形成。② 规训内化于个体，形成个体的自觉和规范，这些思想成为在后来的文化治理研究中福柯不断被引证的重要原因。

二　理论系谱之二：西方公共行政学治理理论下关于治理的研究

治理理论从西方公共行政学的原点生发出来，并被运用到广泛的领域，如公共经济学、国际关系、艺术学等，形成不同的谱系和流派。文化治理也从这个资源吸纳了关于治理的一般性理念，尤其是关于去中心化和多元化的理念，并实现了文化在政策领域内的运用。

文化治理的研究，汲取了治理理论的基本内核。从词源来看，"治理"一词在英文中对应的是"governance"，与其同根的词语是"government"，在词源上都与控制相联系，后者既指处理公共事物的方式，又指作为管理主体的政府。但 20 世纪 90 年代以来，governance 与 government 的意义发生了分化和对立，在中文语境中分别被翻译为"治理"和"管理"，governance 获得更多的意义并在世界范围内流行，在西方国家政治实践领域，"第三条道路"的政治目标是"Less Government, More Governance"（少些管理，多些治理），这个宣言，清楚地反映出两个同源的词语的意义如今已经大相径庭。

20 世纪八九十年代，为回应福利国家危机、全球化挑战等问题，在西方新公共管理运动背景下，"治理"一词开始被广泛使用。詹姆斯·罗西

---

① 米歇尔·福柯：《安全、领土与人口》，钱翰、陈晓径译，上海人民出版社，2018。
② 米歇尔·福柯：《规训与惩罚：监狱的诞生》，刘北成、杨远婴译，生活·读书·新知三联书店，2003。

瑙（James N. Rosenau）主编的《没有政府的治理》受到认可，他将治理视为与管理不同的模式，前者的核心在于治理主体的多中心。[1] 斯托克认为，治理的本质在于它所偏重的机制并不依靠政府的权威或制裁；治理是指出自政府，但又不限于政府的一套社会公共机构和行为者。[2] 这些理念不但在学术界得到广泛的赞同，而且在西方国家的政治实践中也不同程度地得到践行。在这样的语义上，治理在一定程度上降低了与"国家""政府"等词语联系的紧密程度。由于治理包含权力结构去中心化和权力来源多元化的包容性的观念，因此，治理获得"善治"的潜在意涵，显现出价值判断上的明显倾向。并且，由于非政府中心化的特征，治理超越了民族国家的范围，针对人类社会的普遍问题，例如环境、战争、人权、健康等，治理理念成为可选方案，全球治理获得合法性。文化遗产保护的议题也获得了全球治理的关注。[3] 一些权威性的国际组织如世界银行、联合国开发计划署、联合国教科文组织等纷纷发布报告，阐释全球治理问题。[4] 在公共卫生危机的背景下，全球治理获得了更广泛的运用。

第三节　文化治理的核心意涵

一　以文化为重要手段和资源

在社会实践领域，文化作为治理手段和治理资源的现象一直存在，但在学术研究领域，将文化作为治理元素从普遍性的社会关系中剥离出来，是较晚近的事。根据功能论和功能结构论的观点，文化是满足社会需要的工具，马林诺夫斯基将文化，即信仰、风俗和社会规则等，视为人们应对和适应环境的工具，特定时代的社会结构和文化传统有密切关系，制度是

---

① 詹姆斯·N. 罗西瑙主编《没有政府的治理》，张胜军、刘小林等译，江西人民出版社，2001。

② 格里·斯托克：《作为理论的治理：五个论点》，华夏风译，《国际社会科学杂志》（中文版）2019 年第 3 期。

③ Thomas M. Schmitt, "Global Cultural Governance. Decision-Making Concerning World Heritage between Politics and Science," *Erdkunde* 63 （2009）：103 – 121.

④ 俞可平：《全球治理引论》，《马克思主义与现实》2002 年第 1 期。

社会－文化整体的一个组成部分，文化在其中发挥了最核心的作用，在这个意义上，文化构成治理的重要资源。[①] 文化治理指的是在将复杂的文化作为治理资源抽绎出来，并将其作为一个重要的变量纳入社会治理的分析框架的前提下，通过其内蕴的价值规范和弥散性的社会关联，在实践中将文化转化为社会规范和理念进而实现社会整合的综合性机制，突出的是文化作为工具、手段和资源在社会治理中的功能。

二　以社会规范和价值认同为核心范畴

文化具有多样化的定义和复杂的特征，文化治理中的文化是广义的范畴，包括物质层面和观念层面的文化，尤其是指人们生活中主导性的规范与价值认同，这些共享的道德标准将整个社会组织起来。每一个社会的文化模式都蕴含着该社会的核心道德观念、其成员赋予行动的意义和对身份的认同，这是群体共享的文化代码，这些代码在道德上对社会、个人、组织和社会制度做出了价值意义的判断，这为治理的展开提供了框架。[②] 文化由此建立起与治理相适应的外显形态，如典章制度、社会规则、社会组织、仪式活动、风俗信仰、文化符号、禁忌等。文化研究者借鉴了自然科学中神经与认知系统的机制，认为文化根据最初的编码特征，可分为显性文化和隐性文化两种形态。[③] 因其形态的不同，文化在治理中发挥作用的机制也不一样，但共同点在于不具有强制性，文化通过提供象征价值维系机制运作，并发挥动员、激励等作用。

三　以权力关系的重构为机制

权力是文化治理的关键词，研究文化治理很大程度上就是研究权力关系。早期关于权力的认知，无论是韦伯的权威分类，还是阿尔都塞的"国家意识形态"或葛兰西的"文化霸权"，都认为权力来源高度统一和核心

---

① 马林诺夫斯基：《文化论》，费孝通等译，中国民间文艺出版社，1987。
② 约翰·R. 霍尔、玛丽·乔·尼兹：《文化：社会学的视野》，周晓虹、徐彬译，商务印书馆，2004。
③ Omar Liazrdo, "Improving Cultural Analysis：Considering Personal Culture in Its Declarative and Nondeclarative Modes," *American Sociological Review* 82 （2017）：88 – 115.

化。之后，对权力的分析更加多元：托尼·本尼特认为权力是分散在其运作和建构之中的，没有单一的权力来源核心；在公共行政领域，罗西瑙认为，治理不仅包含政府，也包含非正式的机构；奥斯特罗姆的"多中心治理"理论否定单中心权威秩序，认为多个行为主体能有效处理公共事务。

在文化治理中，权力是多中心的、弥散的。国家是权力的重要来源，但不是唯一来源，权力不但指社会中自上而下的正式制度确定的权力，也指非正式制度中的权力。在现实生活中，权力是各种社会关系的产物，像毛细血管一样渗透到社会深处，除了国家、法律等包含的宏大的、总体性的权力外，社会生活中存在各种形式的权力。权力不但包含暴力、强制，也以说服和继承原有的权威及法统的方式展现，存在于宗教、政治、经济、宗族甚至亲朋等社会生活的各个领域、关系之中。[①] 因此，权力关系的重构以及发挥这些权力的治理功能，是文化治理的运行机制。文化治理中的权力不必然是压迫性的，只是对各种社会关系相互作用的客观描述。权力并非只在消极的意义下使用，在某些时候，权力甚至具有创造性和建设性，并产生有利于社会发展的新形式。

四　以国家、社会、公民等多元力量为主体

治理意味着通过公共权力的运作与配置，实现公共事务管理的目的，因此治理涉及社会公共机构之间的权力关系、相关行为者的治理网络建构等，这些都有赖于更为复杂的相关社会进程和社会环境。治理多元中心的核心论点意味着更为包容的立场，也意味着国家与其他多元主体之间权力和责任的重新分配与让渡。治理不再只包含以国家为中心的治理模式，它是国家、社会及其他主体围绕公共权力和资源配置展开的活动。[②] 文化治理强调文化在经济、政治、社会中的能动性和塑造能力，重视在国家治理范围外存在的领域，如非正式的共识、惯例以及总体的社会关系中开展治理的可能性，实质上是在国家、社会和公民等主体间实现制度重构。在文

[①] 杜赞奇：《文化、权力与国家——1900—1942 年的华北农村》，王福明译，江苏人民出版社，1996。

[②] 李佳：《乡村的文化治理策略》，《曲靖师范学院学报》2018 年第 4 期。

化治理中，中心主义话语应该被摒弃，各方在平衡和妥协中达成自己的目标。但平衡是短暂的，博弈才是常态，多方的斗争和博弈常常是社会自我纠错的过程，良性的紧张并不是坏事，国家治理应该对此持包容的态度。

第四节　基于中国经验的探索与突破

文化治理理论来源于西方，是基于西方历史经验和社会现实产生的理论。面对中国社会复杂的状况，当人们考虑理论是否适用于中国时，基于西方历史和社会现实的一般性假设与中国社会的实际经验会产生紧张感。首先，西方文化治理理论有其内生的缺陷，尤其是在讨论西方公共行政学领域的治理理论时，应当注意到其新自由主义的底色。新自由主义从强调市场作用和倡导经济自由化开始，建立了一套关于社会、文化和政治的逻辑体系，经过多年的扩张，在一定程度上已经成为统治全球的意识形态，导致人们对其盲点和误区视而不见。[①] 在中国的情境中，不加分析地采纳新自由主义的论点必然牺牲对现实的复杂性解释。[②] 其次，治理理论虽然有其合理的内核，但在中国背景下，在一定程度上，由于缺乏中国的实证性根基，成了"空洞的能指"。[③]

文化治理具体到中国语境和实践中时，相关概念的运用突破了原有的理论框架，并融合了本土的文化治理传统和经验，拓展了不同于西方治理的"实践可能性"，[④] 形成了有别于西方语境的分析工具和话语体系。

一　强调中国传统与文化治理的关系

现代治理是当下的命题，但不是一个与过去完全无涉的孤立存在，现代不可能与传统完全分割；传统的文化资源能够在现代社会发挥功能性作用，也会产生一系列变化。这是一个双向的运动过程，与包含着它的现有

---

① 黄宗智：《明清以来的乡村社会经济变迁：历史、理论与现实》（卷一），法律出版社，2014。
② 文明超：《"新自由主义"的胜利？》，《读书》2019 年第 4 期。
③ 王绍光：《治理研究：正本清源》，《开放时代》2018 年第 2 期。
④ 李洋：《西方治理理论的缺陷与马克思治理思想的超越》，《哲学研究》2020 年第 7 期。

社会秩序相融合。只有潜入中国具体的历史与社会深层结构中，将文化治理嵌入特定的制度背景和文化实践，才能获得文化治理具体的形貌和意义。

在现代化发展过程中，中国社会还保留着大量的传统文化资源，部分地区社会保留着大量的前现代特征，处于一个传统社会向契约社会过渡的状态，尤其是在基于血缘、地域文化联结起来的乡村社区，传统文化与伦理构成重要的治理基础。在国家与地方社会进行治理的历史传统中，文化机制起着重要的作用，为当今的社会治理提供了路径依赖。一些学者把治理背后的文化机制作为重要的变量进行分析，并得出了有意义的结论。周黎安认为中国的国家与社会不是二元对立的，而是存在一个从国家到社会的连续光谱。① 一些学者从司法的角度出发，认为面对中国民间社会的纠纷，应在启动司法审判程序之前，优先发挥民间调解功能。黄宗智提出"集权的简约治理"的观点，即只要地方没有重大社会冲突，国家就默许地方准官员和士绅进行社会公共事务管理。② 这些历史上的治理传统基于文化机制，而中国国家与社会呈现混融的特征，不但在传统社会时期如此，在现代社会这个特征依然十分突出。传统的观念、礼俗、惯习和制度将会为现有的治理方式提供路径依赖，这些都是重要的治理资源，弃之不用会造成社会资源的浪费和流失，增加社会公共管理成本。

二 强调国家作为元治理的重要性

在新自由主义兴起背景下发展起来的西方文化治理理论，强调治理与国家之间的张力，对国家角色的定位立场摇摆、模糊甚至相互矛盾，以至于出现"去国家化"的激进思潮。③ 因倡导自由主义博得国际名声的学者弗朗西斯·福山，近年来反思国家在政治研究中的角色，认识到自由主义建立在国家有效治理的基础上。他明确表示："国家构建是指建立新的政

---

① 周黎安:《如何认识中国?——对话黄宗智先生》,《开放时代》2019 年第 3 期。
② 黄宗智:《集权的简约治理——中国以准官员和纠纷解决为主的半正式基层行政》,《开放时代》2008 年第 2 期。
③ 郁建兴:《治理与国家建构的张力》,《马克思主义与现实》2008 年第 1 期。

府制度以及加强现有政府。国家构建是国际社会最重要的问题之一，因为软弱或失败的国家是世界上很多最严重问题的根源，从贫穷到艾滋病，从毒品到恐怖主义，不一而足。"进一步地，他指出："跟限制或削弱国家相反，国家构建应该成为我们最重要的议程。"①

在我国的文化治理中，社会作为一个重要的主体参与治理，但仍强调国家的元治理角色。元治理不等同于建立一个至高无上、一切治理安排都要得到服从的政府，而是指建立提供机制、远景设计和治理的基本规则的组织。② 国家是治理的核心行为体和体制性主体，国家的合法性既建立于解决社会经济文化问题的全面责任之上，也来自在政策制定及实施过程中清晰的权威呈现。在现实的治理条件和制度框架中，治理主体的权威性和合法性来自国家刚性资源的保障。国家在保护民族利益、保障社会正义及供给公共产品中扮演着重要角色，尤其是国家的行政动员和资源集中能力无可替代。推动文化治理是在借助文化传统和民间社会基础的前提下，打造一个具有管理公共事务和自我生长能力的社会，但其目的不是放任社会的自我发展，而是将社会置于国家的政治经济总体系和更普遍的经济政治社会关系中。在我国的治理实践中，基于合作而非冲突的视角，应强调国家与民间社会的合作以及国家的责任。

此外，文化治理是一个持续的互动过程，加之文化的特殊性，其难以形成明确的规则和制度，容易使相关主体之间责任的边界变得模糊，这导致在公共政策执行中责任承担主体虚化，未达到期望的目的。文化治理意味着多主体的参与，这些主体来源复杂，具有异质性，各个主体的逻辑、动机各不相同，而且都有最大化自身利益的潜在倾向，在文化治理中，各主体之间出现纷繁复杂的关系结构和利益交叉，并陷入零和博弈状态。在这个过程中，国家通过扮演元治理角色发挥有效防范文化治理失败风险的重要作用。

----

① 弗朗西斯·福山：《国家构建：21世纪的国家治理与世界秩序》，郭华译，学林出版社，2017。
② B. 盖伊·彼得斯：《治理：关于五个论点的十点想法》，邵文实译，《国际社会科学杂志》（中文版）2019年第3期。

三 强调文化自觉与社会核心价值观的建构

文化治理强调文化认同和价值观的内化，唤起文化自觉，个体和群体因文化自觉参与到现代治理体系的构建过程中。在社会治理中，一方面，行政体制的结构及其变动会影响社会变迁，这是显性的一面；另一方面，中国社会运转中日常事务是靠基层的道德文化的微妙张力来处理的，应从基层社会非行政系统运转的层面和民众日常生活的角度来理解，[①] 这是隐性的一面，杜赞奇通过民间社会的文化网络来理解中国乡村政治，便是这种理解路径的代表。

文化治理不仅关注具体的、个别的文化现象，而且通过对作为"整体生活方式"的文化进行"深描"，在理解这些个别文化的基础上，关注公共的文化。个体的文化和公共的文化并不是互相割裂的，众多的个体文化共用一套象征体系，就形成公共的文化和集体的价值。[②] 文化治理在研究文化的观念、形态和特征的基础上，反映社会文化政策的取向。[③] 文化政策制定不仅仅是行政事务，还要通过文化的工具性使用反映社会总体的价值观念和意识形态，尤其是与民族的文化和历史经验相契合的传统。国家的公共政策是为社会创造公共价值的重要手段，应当反映社会的价值系统和历史经验，这二者是不同社会发展的特色。[④] 从宏观的意义上说，文化治理是我国国家公共政策的一部分，强调社会核心观念的建构。国家在文化治理中，通过公共政策的实施建构社会核心观念，塑造社会的公共精神，培育文化认同和政治认同，从而指引和调控社会行为与公共事务处理。

---

① 杨念群：《如何从"医疗史"的视角理解现代政治》，《中国社会历史评论》2007 年第3 期。
② Orlando Patterson, "Making Sense of Culture," *Annual Review of Sociology* 40 （2014）：1 - 3.
③ T. M. Schmit, Cultural Governance as a Conceptual Framework （working paper in *MMG Working Paper*, 2011）.
④ 凯文·马尔卡希：《公共文化、文化认同与文化政策：比较的视角》，何道宽译，商务印书馆，2017。

四　强调整合性的治理策略

治理是一个关系丛，社会治理是多种要素共同作用的结果，各种要素如市场、政策、社会流动、传统等对治理形式的形成和机制的运行起到重要作用。因此，文化治理不是单独产生作用，而是与其他要素共同作用，在不同的历史阶段，各种要素发挥作用的方式和权重不一样。在我国的文化治理实践中，各要素难以切割开来，政治、经济、技术等构成重要变量，影响了文化治理的成效。以公共文化服务与经济发展的关系为例，文化投入不足与劳动力的技能下降相关，导致结构性失业的存在，进而在宏观上影响经济运行。近年来积极推进城镇基本公共服务向特殊人群如进城务工者倾斜的思路，实质上与经济发展阶段有很大的关系。经济学家们认为，目前对经济发展的理解应该转向长期经济结构调整，而非短期的经济增长刺激手段。其中，加大人力资本投资力度是长期经济调整的内容。青木昌彦认为，中国已经跨过库兹涅茨－刘易斯阶段，正向着以人力资本积累为中心的 H 阶段过渡。[①] 在人口流动出现新特征和以提高人力资本素质为经济发展重心的背景下，国家宏观政策也发生了转向。保障劳动人口基本社会权利的手段之一是提供公共文化服务，通过公共文化服务，为劳动力进一步和充分流动创造条件，这正是推动公共文化服务发展的政策的内在逻辑，其中可以看到国家推出社会文化政策与经济发展阶段的关系。

在我国经济快速成长的过程中，文化目标与经济目标、社会目标紧密相连，文化政策、经济政策和其他社会政策的边界越来越模糊，所有社会政策都包含着文化的因子，尤其是在社会融合和经济发展政策中，文化投入往往在文化领域外获得收益。[②] 在下一个阶段，社会公共资源的分配和社会的有效整合成为经济高速发展之后亟须解决的问题，文化治理的作用将进一步显现。

[①] 转引自蔡昉《"中等收入陷阱"的理论、经验与针对性》，《经济学动态》2011 年第 12 期。

[②] 钱志中：《文化工具主义与当代英国文化政策的实施效果评价》，《江苏社会科学》2015 年第 4 期。

第五节　成功愿景与失败风险

以文化为资源进行社会治理，展现了美好的愿景。这个思路突破既有研究中存在的国家中心主义的倾向，以及现实中存在的科层制范式的单向度权力结构，试图将复杂的"文化"作为治理资源抽绎出来，并将其作为一个重要的变量纳入乡村治理的分析框架，提供合理的逻辑论证。以文化治理替代过去仅限于政府的公共决策概念，凸显了文化作为工具和技术的手段，在指引和调控社会行为和公共事务、塑造公共精神上的作用。文化治理的理念指出了走出行政社会困境的基本路径：用行政资源培育社会自组织能力，以社会组织力量来制约行政行为，形成良性的行政与社会自组织相互合作与制约的制度和行动体系，达成社会建设的最终目的。① 在社会治理中应该引入文化的策略，因为文化具有的强大的意义系统不会被轻易消解，能形成对权威性资源的制衡，有效发挥纠错功能，防止单一社会控制的出现。

文化治理有失败风险。一方面，由于开展治理蕴含着社会资源配置的优势，拥有暴力潜能的权威往往将治理变成社会控制的工具，产生与预期完全相反的结果。福柯的"治理术"和葛兰西的"文化霸权"等概念的阐发都来源于对权力的警惕。在福柯的理论中，治理是"一个充满不确定性、危险与让人混乱的概念"，葛兰西的"霸权"（hegemony）理论认为统治阶级通过思想操纵树立社会的价值观。本尼特在福柯的"治理术"概念上建立了其文化研究的基础，因此，文化被他解读为统治阶级构建和生产出来用以实现社会价值观支配的工具。福柯的重要贡献之一在于其对权力的理解颠覆了传统的观念，传统理论将权力与压制、否定等负面词语相联系，福柯则认为，权力被当作中性词使用时，并不指涉暴力和控制，它本身不必然是压迫性的，只是对各种社会关系相互作用的客观描述，在某些时候，甚至具有创造性和启发性。福柯对权力进行了更为细致的分解，除

---

① 王春光：《城市化中的"撤并村庄"与行政社会的实践逻辑》，《社会学研究》2013 年第3 期。

了国家、法律、君主等具有的宏大的、总体性权力，还关注"细小仪式"产生的权力，因此，在社会的具体语境中，"治理"一词往往蕴含着"善治"的价值趋向。但是在治理中如何抑制权威的暴力潜能、其他社会力量如何对其形成制衡是现实的问题。因此，让治理从学术"修辞"变为可观察和实证的运用过程，需要获得经验证据，必须潜入具体的历史与社会结构开展深度分析，让治理在嵌入特定的制度背景和实践中时获得具体的形貌。

另一方面，治理意味着多主体的参与，多主体的异质性导致治理有失败的潜在风险。参与到治理中的主体来源复杂，具有异质性，各个行为主体的逻辑、动机不一，而且都有最大化自身利益的潜在倾向，在治理中各主体之间出现纷繁复杂的关系结构和利益交叉，并往往陷入零和博弈状态。治理是一个持续的互动过程，难以形成明确的规则和制度，容易导致政府与其他相关主体之间的责任边界变得模糊，而这些模糊之处往往与文化相关，这会导致在公共政策执行中责任承担主体虚化，无法达到期望的目的。

第二章　乡村社会文化治理的研究单元

　　乡村社会的研究，应该落实于具体的载体，村庄就是乡村社会研究的最重要载体。长期以来，村庄作为基本单元，是区域社会研究的可控工具。由于区域社会研究中的"宗族"和"庙宇"可以成为从组织与象征层面把握乡土社会的工具，村庄一直是学者们偏爱的研究基本单元。[①] 当今社会，村庄形态发生了巨大的改变，从小型均质的社会单元变为在复杂的现代社会中不断演进的、单一形态与多元混合形态并存的社会单元。面对村庄形态的改变，人们开始质疑：在中国，传统村庄是否真的消失了？以村庄为单元的研究是否还有必要？本书试图通过分析村庄研究范式的形成、演变及突破，结合当今村庄的复杂特征，分析村庄作为理解中国乡村社会转型发展的重要切入点是否适宜。本书认为，在村庄的具体形态发生很大变化的前提下，村庄仍然是乡村社会研究的基本单元，虽然村庄的差异性很大，但不宜过分强调其有差异的一面，而应当注意不同形态村庄的共性，抽离出村庄的实质性特征并进行分析。村庄具有社区的特征和功能，通过对村庄的整体性描述，分析其社会结构，可以实现对某一种社会类型和社会通则的理解。

第一节　经典的村庄研究范式

　　对乡村社会文化治理的研究，首先建立在对乡村社会基本特征的认知的基础上。从基本概念来看，乡村指的是人口密度低、聚居规模小、社会

---

　　① 杨念群：《"地方性知识"、"地方感"与"跨区域研究"的前景》，《天津社会科学》2004 年第 6 期。

结构相对简单、居民生活方式及景观有自身特征的区域。从经济活动来看，乡村以农业、林业和自然占地等土地利用为经济活动基本内容。从形态上来看，乡村是区别于城市的一种社会形态类型，学者们将乡村社会的形态和运行的内在逻辑看作与都市完全不同的类型，出现二元分类的倾向，如滕尼斯（Tönnies）将社会区分为乡土社会与法理社会，认为前者以简单、小型为特征，后者则是复杂社会，以大规模为特征；[1] 涂尔干（Émile Durkheim）将乡村社会与都市分别表述为机械团结社会和有机团结社会，机械团结社会依靠共同的集体意识来凝聚成员，而有机团结社会则依靠现代社会的分工网络实现联结；[2] 芮德菲尔德（Redfield）则将以文化和社会规范为特征的社会称为俗民社会，区别于以多样化生活方式和多元社会观念为特征的都市社会。[3] 乡村社会的种种指涉和特征以村庄为落脚点，因为村庄是一个实体，有实然存在的空间和边界。但村庄的含义远不只这些，在中国长期的学术研究传统中，村庄超越了实体，它不仅仅是研究单元，也是研究范式、研究方法和叙述框架。

一　村庄研究范式的形成

分析范式（paradigm）于 1962 年被托马斯·库恩（Thomas Kuhn）在其著作《科学革命的结构》中提出，是指某一科学共同体（由该学科内专业从业者组成）共同认可、熟悉，作为进一步研究的基础并在讨论中共同使用的概念体系。[4] 范式集信念、理论基础、价值体系、技术或研究方法于一身，是共同体成员所共有的，在问题的选择、解决过程中使观点趋于一致的力量。这种力量包括共有的符号概括、共有的模型、共有的价值以及其他类似的要素。乡村是中国社会的基本介质，研究中国社会不能回避中国社会的土壤——乡村社会结构及文化。在长期的乡村社会研究中，本

---

[1] 斐迪南·滕尼斯：《共同体与社会——纯粹社会学的基本概念》，林荣远译，商务印书馆，1999。

[2] 周晓虹：《西方社会学历史与体系》（第一卷 经典贡献），上海人民出版社，2002。

[3] 罗伯特·芮德菲尔德：《农民社会与文化：人类学对文明的一种诠释》，王莹译，中国社会科学出版社，2013。

[4] 托马斯·库恩：《科学革命的结构》，金吾伦、胡新和译，北京大学出版社，2003。

土学者和海外汉学家促进了这一研究领域的系统化并提升了其内聚力，形成了在观念、方法规则和基础假设等方面相对稳定并得到广泛认可的几类研究。不同范式之间仍然具有价值、信念等方面的通约性，但不同范式的选择和演进，反映了同一研究领域内，围绕着不同研究原点和田野调查单位选择出现的不同研究理论进路。

由于研究边界的可控性和研究对象的易于把握性，村庄研究范式一直是乡村研究的主流范式。尤其是 20 世纪 30 ～ 40 年代，以费孝通、林耀华、杨懋春以及拉德克利夫 - 布朗（Radcliffe-Brown）等为代表的学者，将村庄研究范式发展为经典范式。村庄研究范式是指以村庄为边界，应用民族志方法，全景式地"深描"村民生产、生活、文化、婚姻、宗族、商贸等方面的经济社会活动和行为。在村庄研究范式的研究中，"村庄"作为一个复合概念，集合了地域概念和社会关系，以及与社会关系交互生长的合宜的经济生产方式。因此，村庄超越了地理意义，不仅仅是山水形貌的表达。从共时角度看，村庄是社会经济文化关系的丛结，具备紧密内聚的特征，有相对独立的社会运转机制。从历时角度看，虽然大多数村庄的外延不时变动，例如村落的行政区划、地理边界都会发生收缩或扩张，人员的流动也一直存在，但其内核始终保持着可辨认的绵延的历史发展脉络，体现出文明进程的流动性。因其相对独立性和内涵的丰富性，在学术研究中，村庄被提炼为一个重要的分析框架，无论是中国人类学家，还是国外早期的汉学家，都把村庄作为分析中国社会的理论原点和可操作性很强的分析工具。马林诺夫斯基在为费孝通《江村经济》（*Peasant Life in China*）作序时提出，这本书研究的价值在于，作者通过对自己熟悉的一个小村落的分析，反映了整个中国社会。马林诺夫斯基认为村庄是中国社会的一个缩影，观察村庄犹如观察显微镜下的切片从而把握整体的机理。①

把村庄作为分析的基点，除了考虑到其作为单元的易于把握性，在逻辑起点上，还是因为文化上一般把村庄视为一个独立的共同体或社区。吴文藻把英国社会人类学的功能学派引入中国，确定了社区研究的普遍适用

---

① 费孝通：《江村经济——中国农民的生活》，商务印书馆，2001。

性，包括在乡村社会中的适用性。20 世纪 30 年代，日本学者提出村庄共同体的观念，他们认为中国的村庄具有完整的共同体特征，是中国社会的一个缩影。这一派的学术研究的缘起及目的与地缘政治和国际关系有很大的关联，因而在研究中存在伦理倾向和预设立场。这一时期，日本"南满洲铁道株式会社"（以下简称"满铁"）的调查主要运用村落共同体的概念在华北平原 33 个自然村展开其研究，1935～1939 年，日本学者选取了河北省、山东省的一系列村庄进行调查，调查内容涵盖面很广，包括土地关系、雇佣关系、收入与支出、水利、税收、借贷、作物产量、贸易和宗族等方面的详尽内容。"满铁"的调查尽管有殖民动机和意识形态的强烈导向性，但其凭借丰富的资料，对村庄的家庭、家族、村落组织、社会团体、社会习俗、民间信仰、土地的借贷与买卖等相关的社会活动中的社会规范及村庄运转进行了详尽的研究，具有学术性价值。村庄社区或共同体的概念，影响了当时一大批研究中国乡村社会的学者，吴文藻的学生，如费孝通、林耀华、许烺光、田汝康等完成了系列村庄研究，被国际学术界广泛认可。费孝通 1939 年出版的《江村经济》一书，把村庄作为一个社区来研究："村庄是一个社区，农户聚集在一个紧凑的居住区内，与其他相似的单位隔开相当一段距离，它是一个由各种形式的社会活动组成的群体，具有其特定的名称，而且是一个为人们所公认的事实上的社会单位。"费孝通也在书中明晰表达了选择村庄为研究单位的方法论意义，一是把研究限定在一个小的时空单位来进行，容易接近被调查者，能够亲自进行密切的观察；二是中国已经进入世界共同体中，观察村庄与世界经济的动态关系，有利于探讨外来力量及其所引起的社会变迁。书中对村庄农民生活做了一个全景的展示，描述了开弦弓村的亲属制度、财产制度、职业分化、劳作日程、农业、土地占有、手工业变革等情况，以农民传统生活为背景，从村庄内部的社会结构角度探讨了社会变革的力量。费孝通在书中说道："这是一本描述中国农民消费、生产、分配和交易等体系的书，它旨在说明这一经济体系与特定地理环境的关系，以及与这个社区的社会结构的关系。"[①] 费孝通参与撰写

---

① 费孝通：《江村经济——中国农民的生活》，商务印书馆，2001。

的另一部著作《云南三村》也是以村庄为研究单位，开创了村落类型比较的研究方法。

村庄研究产生了一批典范之作，如老一辈人类学家林耀华 1944 年出版的《金翼》（The Golden Wing：A Family Chronicle）；许烺光通过对云南一个小村庄"西镇"的研究，1948 年出版的《祖荫下：中国乡村的亲属、人格与社会流动》；杨懋春运用社区研究方法对山东台头村进行研究后，1945 年出版的《一个中国村庄：山东台头》（A Chinese Village：Taotou，Shantung Province）；杨庆堃 1959 年出版的《共产主义转型初期的一个中国村庄》（A Chinese Village in Early Communist Transition）；等等。村庄研究作为一种惯习和传统被广泛接受，成为研究乡村问题的主流范式，其学术传统一脉传承至今，当代学者如王铭铭、赵旭东、阎云翔、熊培云、吴毅等在村庄研究上也颇有建树。村庄研究的意义并不局限于村庄本身，村庄研究者往往具有宏大的学术理想，意欲通过点状研究，为理解复杂的社会提供认知模式，揭示远大深刻的社会图景，并打破地方性知识与整体社会知识之间的壁垒。同时，在村庄研究中，研究者也通过细致的观察和解析，希望针对中国社会经济等方面问题提出可能的解决方案。

二 村庄研究范式的演进和发展

对村庄研究范式的质疑不断产生，并推动该范式的发展。米尔顿·弗里德曼（Milton Friedman）1947 年在《实证经济学论文集》中提出实证经济学一条著名的准则"假设的不相关性"，他认为，只要理论的预测与现实一致，那么理论的基础假设是否真实就不重要。[①] 这条经济学准则在社会学与人类学的领域中也有一定的适用性。以村庄为基本单位的分析范式，假设对复杂中国社会的主要特征的理解可通过微观上分析村庄实现，因而把真实世界纷繁多样的变量简单化，使得研究不至于陷入烦琐的细节处理，而能直达核心部分，成为"纯洁"的经验研究。随着研究的不断推进和成熟，用村庄研究范式推演出的结论来验证真实世界时，就出现了若

---

① 米尔顿·弗里德曼：《实证经济学论文集》，柏克译，商务印书馆，2014。

干无法解答的问题，其研究中被抽象掉的部分，成为后来学者们继续推进研究的可采纳变量。例如，村庄研究范式采取切片式的分析方式，无法将时间纳入分析框架，采取一定方式处理时间是后来学者们发展这一范式的可能方向。特殊与一般、局部与整体之间断层的打通也成为之后努力的目标。

1962 年，莫里斯·弗里德曼在英国皇家人类学会做了主题为"社会人类学的中国时代"的演讲，指出了村庄研究的缺点，对此进行批判，他提出，"进行微观人类学研究的人类学家，不要以局部概论全体，或是满足于历史的片段，不求来龙去脉"①。因此，人类学家应该在更大的空间范围内和更长时间里对中国社会与文化的宏观结构和历史进程进行探究。费孝通晚年也认识到村庄研究范式在时间、空间和文化层次上所受到的限制与存在的不足，试图扩大研究范围和丰富研究层次，转而通过研究小城镇来考察乡村社会结构，因为小城镇既与农村社区有不同的特点，又与周围农村保持着不可缺少的联系。②

对村庄研究范式的质疑，实质上是对个案研究方法一般性价值的追问，为了在已经成熟的村庄研究范式的基础上推进研究，不少学者做出了尝试，邓大才总结其中四类超越村庄的研究范式，这些研究不再以整体性的村庄为研究对象，而是分别以市场、文化与权力、宗族、经济作为研究的切入点，其中市场范式以施坚雅为代表，文化与权力范式以杜赞奇为代表，宗族范式以莫里斯·弗里德曼为代表，经济范式以黄宗智为代表。③ 事实上，从宗族和文化权力出发来研究乡村，并非与村庄研究范式相对立。莫里斯·弗里德曼的著作《中国东南的宗族组织》《中国的宗族和社会：福建与广东》从宗族范式出发，分析地方社会如何以宗族联结国家，并以此建立"国家 - 宗族"分析框架。④ 黄宗智用定量的方法，在长江三角洲以"满铁"调查的八个村庄为区域样本，从经

---

① Maurice Freedman，"A Chinese Phase in Social Anthropology," *The British Journal of Sociology* 14（1963）：1 - 19.
② 费孝通：《费孝通全集》（第十五卷），内蒙古人民出版社，2009。
③ 邓大才：《如何超越村庄：研究单位的扩展与反思》，《中国农村观察》2010 年第 3 期。
④ 莫里斯·弗里德曼：《中国东南的宗族组织》，刘晓春译，上海人民出版社，2000。

济关系出发来考察乡村社会结构和社会关系。在《长江三角洲小农家庭与乡村发展》一书中，他认为劳务关系将农民与市场紧密地联系起来，国家与士绅、农民形成"三角"关系，使国家与乡村紧密联系。[①] 杜赞奇利用日本"满铁"在河北和山东的调查资料开展研究，认为婚姻、水利组织、宗族、土地租赁等领域中的关系以"文化"为内涵将农民与各种社会联结。他明确提出"村界"不是由市场活动区域界线界定，而是由信仰圈来界定的。[②] 以上研究都提出了研究乡村问题的不同参照维度，这些研究做了有益的探索，提供了乡村社会研究的不同突破点，但是这并不意味着否认了村庄研究范式，确立研究基点和田野调查点并不是一个层面上的讨论，关于二者的理念也不构成截然对立的学术范式。

三　村庄作为文化治理研究单元的可能性

村庄在中国社会有着重要的意义，对于对汉人社会的研究乃至对整个中国的经验研究而言，"村庄"是一个非常重要的分析架构，历经百余年的学术锤炼，有着极为丰富的内涵和理论表述，已经成为中国人类学家和世界汉学家非常方便和有力的操作工具，是汉人社会研究对世界人类学所做出的一个重要理论贡献。[③] 在乡村社会的文化治理研究中，借鉴学术界长期以来的村庄研究的可贵成果，结合当代乡村社会发生的变化，将村庄作为文化治理的研究单元，有以下理由。

第一，村庄是一个有实质性内容和意义的单元，在形态上具有演化性特征，数目巨大并将长期存在。虽然乡村社会流动的规模很大，但外出流动人口大部分并未在城市定居，而是在城乡之间钟摆式来回。在现代化进程中，村庄发展走向在国家的整体发展愿景中有独特的地位，村庄的动态性变化，无论是复兴、转型还是终结都涉及宏大的国家政策目标和村庄自身的结构性特征。村庄既处于宏观的社会背景中，又具有微观的相对独立

---

① 黄宗智：《长江三角洲小农家庭与乡村发展》，中华书局，2000。
② 杜赞奇：《文化、权力与国家——1900—1942 年的华北农村》，王福明译，江苏人民出版社，1996。
③ 杜靖：《作为概念的村庄与村庄的概念——汉人村庄研究述评》，《民族研究》2011 年第 2 期。

性和可观察性，是适宜的学术对象和研究单元。

第二，文化治理的研究，将村庄视为乡村社会研究的分析概念、理论框架和方法论。除了描述性特征外，尤其注重以方法论的角度，特别是以符号和文本表达的表征性来认识村庄。学术史上村庄是学术、文化研究的主要场所，围绕其形成丰厚的学术遗产。文化治理领域关于村庄的研究，能够与之前的学术理论形成有意义的对话，具有学术逻辑上的延续性和自洽性。[①]

第三，文化治理的研究，将村庄视为有独特的经济、社会和文化结构的系统，是由各种子系统构成、具有功能性和自主性的"社会系统"。村庄与滕尼斯定义的"共同体"具有相同的特征，是社会关系和社会基础的总和，虽然在现代化过程中，共同体特征有一定程度的弱化，但其文化内核仍然存续。村庄是民众的日常生活场域，在日常中体现精神意识和社会规则等，并与传统的宗法观念和家族血亲相联系。村庄作为一个以文化为主要凝结力和治理机制的社会，带来了与国家正式的文化传统和制度的比对，可以作为文化治理研究的基点。

第四，文化治理的研究，将村庄视为国家治理的基层单元，国家治理与乡村社会文化治理的关系在村庄的政治生活中展现，文化治理作为一种非正式制度治理方式，与正式制度治理相互作用，村庄的行政结构与文化结构之间的互动是研究的重要面向。

因此，村庄既是一个政治、制度、文化的实体，也是心理结构、文化结构的实体。村庄是乡村社会生活发生的场景，是乡村文化的容器，村庄的具体形态与其文化内核之间存在演变关系，将村庄作为分析单元在当今社会依然可行。而无论是赞成村庄研究范式，还是反对村庄研究范式，目的都在于见微知著，其初衷都是从一个村庄出发理解宏观的社会、为理解中国寻找理论架构。

[①] 文军、吴越菲：《流失"村民"的村落：传统村落的转型及其乡村性反思——基于 15 个典型村落的经验研究》，《社会学研究》2017 年第 4 期。

第二节 社会剧变中村庄研究范式的有效性分析

一 村庄数量和形态的剧烈变化

当前，全球化和城市化对村庄形成了巨大的冲击，农民的大规模流动导致传统村庄的凋敝，生计模式的改变也导致我们对村庄的认知发生了变化。从外在形态来看，传统村庄的风貌和形态经由大规模的产业转变和撤村并居等相关政策的实行而发生改变。更有大量的村庄消亡，在城镇化迅猛发展的时期，村庄数量锐减，1985~2001 年，不到 20 年时间里，中国村庄数量从 940617 个减少至 709257 个，仅 2001 年就比上年减少了 25458 个，平均每天减少 70 个。[1] 这个趋势一直未停止，根据统计数据，至 2021 年，全国行政村数量减少至 481339 个。[2] 另外，出现了城中村这样的城乡间形态，对城中村污名化的描述和"改造城中村"的用词证明了主流社会对此形态的态度。

行政村数目的锐减，与国家"农民集中居住"的政策相关，撤销和兼并（多个行政村合并）、村改居（村委会改为居委会）、整村撤迁等，导致统计上行政村的数量急剧减少。村庄数量的减少，除了具有统计学意义外，更重要的是带来乡村人口数量减少以及人口结构改变等问题，伴随而来的是文化灭失、公共事业凋敝等。尽管乡村数量锐减，但从总数上看，2021 年仍然存在行政村 481339 个，这仍是一个庞大的数字。村庄作为实体并未消亡，仍然大量存在于中国广大地区，并且将长期存在。

二 村庄心理、文化结构的相对稳定性

中国的村庄不仅是聚落形态，也是心理、文化结构的载体，一些村庄改变了其外在形态，聚落方式发生了很大变化，在城镇化进程中还产生了

---

[1] 李培林：《村落终结的社会逻辑——羊城村的故事》，《江苏社会科学》2004 年第 1 期。

[2] 《2021 年城乡建设统计年鉴》，2022 年 10 月 12 日，中华人民共和国住房和城乡建设部网站，https://www.mohurd.gov.cn。

大量混合形态的村庄。但总体而言，村庄的生计来源和管理方式具有延续性，文化特征鲜明，村庄内部的心理和文化结构相对稳定。

从生计来源看，传统村庄的生计来源于土地，从土地的耕作和收获中得到收益。乡村社会的深厚根基深藏于农耕经济，经济活动黏着在土地上，围绕着土地制度，衍生形成了相应的分配制度与其他一整套相关制度以及更为抽象的文化形态。① 在全世界所有的农业文明中，土地都具有超越了生产资料的意义，被赋予崇高的价值和母性意象，代表着繁衍与丰饶。中国乡村社会文化的根源可追溯到土地资源的利用和土地制度，时至今日，以土地变革来分析乡村社会文化变动，仍然是最有说服力的解释。传统农耕时期，乡村社会在土地利用的调适过程中酝酿出一套自给的意义系统和价值体系，形成了一个超稳定的社会结构。与传统农耕时期相比，当今农民的生计方式进一步多元化，但土地收益在收入中仍占相当大比重，尤其是在资本下乡的浪潮中，村民放弃耕种土地，转而通过土地的流转获取租金收益，这构成收入中的很大一部分。大部分城中村村民的收入亦来源于土地收益，但不同的是，其收益来自城市化进程中日益上涨的土地租金及附着在土地上的房屋的租金，一部分城中村已经部分或完全失去了农用地，但根据国家土地产权制度，宅基地依然归集体所有，在出让农用地和宅基地的过程中，农民得到巨大的红利，即使没有出让集体土地，农民也可从集体土地收益中得到分红。

从管理方式看，虽然村庄的管理方式一直在发生变化，但政策具有一定的延续性。即使是城中村，也仍然按照农村社会的方式进行管理，即由村民自治组织——村民委员会来管理。目前很多城中村在管理方式上逐渐由村委会管理改为街道办事处管理，但由于村委会长期在公共事务处理方面扮演着重要的角色，实质性的制度改变还未完成。而且村庄传统的社会关联在一定程度上发挥着管理的作用，村庄共同体的特征仍然在行政管理下保留。

从文化特征看，传统村庄的文化保持着特色，即使是城中村，其文化

---

① 李佳：《从资源到产业：乡村文化的现代性重构》，《学术论坛》2012 年第 1 期。

特征也并未完全消解。城中村在地理空间上坐落于城市，但是作为一个内聚性的乡村社区依然是独立的，城中村的自然边界几乎被瓦解了，但其文化和社会边界依然固执地存在，村民仍然保持着文化和社会的认同感。城市普通小区居民是异质性的社会成员，虽然居住在同一空间，但形成的是陌生人的社会，不构成真正的社区。相较于城市小区，城中村是一个由血缘、亲缘、宗缘和地缘关系结成的互识社会，其中有复杂的亲属和联姻关系。李培林在关于广州"羊城村"的研究中发现，平均每户村民与 20 户有血缘或亲缘关系，大的家族把这种关系扩展至 50 户甚至上百户。宗族关系受到重视，许多城中村里建有宗祠。① 由于村集体经济的红利，城中村村民依然对村落社会关系网络有极大的依赖性，城中村基本上是"身份社会"而没有完全转变为"契约社会"。城中村集体记忆的保存程度依然很高，居民的熟识程度高，而且由于土地利益分割等集体事务，他们的联系很强，基于共同的利益表现出很强的内部黏结性。

通过以上分析，发现村庄的心理和文化结构相对稳定，即使是城中村这种特殊形态的村庄，既是都市里的村庄，也是村庄里的都市，村民的经济来源和社会关系都发生了很大的变化，其特殊的形态和"城中村建筑美学"也展示了迥异于传统村落的特色，村庄的基本结构也仍然具有稳定的一面，传统村庄则将村庄特点保存得更为完整。因此，可以认为，在社会急剧变化，尤其是城乡关系发生重要变化的时期内，在文化治理的研究中，村庄作为研究范式仍然是有效的。

第三节　村庄特征与文化治理成效的相关性分析
——以集体行动的达成为例

乡村社会文化治理中，治理有效的一个重要表现是村民能够达成集体行动，实现公共产品的自我供给。集体行动的达成在不同的乡村地区差异明显，有的村庄集体行动能力强，而有的村庄则非常涣散。把中国乡村作

---

① 李培林：《巨变：村落的终结——都市里的村庄研究》，《中国社会科学》2002 年第 1 期。

为一个同质整体为其建立分析框架时，抽象掉了乡村经济社会发展、收入状况和文化特征的差异。当把经济、文化差异等作为相关要素分析时，可以发现何种类型的村庄在社会治理中能达成集体行动，集体行动的达成与否与村庄的文化特征、经济发展水平和其他特征有什么内在关系。

经济发展水平和收入水平常常被作为影响村庄达成集体行动和实现公共产品供给情况的最主要变量。一般认为，经济发展水平高的区域基础设施较好，农民对公共产品的需求度更高，同时经济发展水平较高的区域地方公共财政能力与农民自我供给的能力和意愿都较强，相应地，公共产品的供给会增加。但是经过经验验证，村庄的经济发展水平与公共产品的自我供给并非呈现完全的正相关关系，在某些案例中，甚至呈现负相关关系。

因此，在村庄集体行动和公共产品供给的分析中，经济发展水平并非唯一的变量，必须纳入村庄其他特征进行观察，例如村庄规模、人口密度、宗族结构等要素。在经济发展水平同一的情况下，这些要素对集体行动构成影响。以平野芳太郎为代表的实体主义者，认为中国的村庄是一个内在权力结构与信仰合一的共同体。现今中国社会已经发生了复杂的变化，宗族关系、经济关系的变化，使农民的组织和集体行动变得更加复杂。但是这样的基本判断仍然具有一定的意义，中国乡村社会的变化，仍然具有路径依赖特征，经济要素与文化要素两条线索在并进和交叉中不断发生变化。

村庄的文化传统、宗族结构等，都构成对村庄认同的基本要素。在具体的分析中，可将村庄的这些特征化约为文化认同，分析文化认同、经济水平对集体行动和公共产品供给的影响。村落的形态，包括地形地貌等外在的地理特征和人口规模密度等社会特征，与生产力发展水平、生产组织方式、社会文化心理等特征相互塑造。无论在城市还是乡村区域，建筑样式和居住空间的特征，都对社会关系和社会角色造成影响，形成社会关联或社会排挤的特征。典型村庄的形态具有内聚紧密的特征，从村庄的历史形态和形成特征来看，村庄的形成主要源于地缘和血缘关系，内部成员往往都处于村庄的社会关系网络和血缘关系网络中，相容程度较高。此外，村庄的宗族关系保持程度也较高，南宋"文治复兴"运动将朝廷的祭祖活动推广至民间,实现宗族庶民化,明代中期以后宗族达到鼎盛阶段。宗族本质上是一种社会组织方式,其发展与经济生产方式有很大的关系,也是地方权力文化网络建构的重要手段,传统的社会功能包括祀神、崇祖和睦族等,宗族关系对村民的文化认同塑造起到很重要的作用。当然,宗族关系对文化认同的塑造程度并不是均一的,宗族发展在地域上呈现不平衡状态,江南和华南地区的宗族发展与华北地区有很大的差异性。此外,宗教与民间信仰也塑造着村民的文化认同,尤其是信仰村庄保护神的区域,例如云南大理地区白族信仰本主,每个村都有自己的保护神,称为"本主",由于庇佑于同一神祇,村庄内部的文化认同感更为强烈。现代社会在很大程度上解构了宗族和信仰等要素的影响力,但村民的文化心理结构的形成经历了很长的历史过程,因此,这些要素仍然是村民文化认同的重要来源。

根据村庄的内部结构对集体行动和自我供给公共产品意愿的影响,可将村庄分为以下四类。第一类村庄,其特征是紧密内聚、经济分化程度低,这类村庄形成集体行动和提供公共产品的意愿最高。这类村庄的特征是村民的同质程度较高,社会流动少,经济分化不严重,或虽有经济分化的现象,但文化、宗族等要素能在一定程度上抹平经济的沟壑,或者说文化和宗族关系能跨越经济差距。村庄文化认同度高,有利于村民集体行动的达成。这类村庄属于传统型村庄,拥有非常看重血缘、家族的传统价值观,广泛存在于广大的乡村地区,有绵长的社会文化治理的传统。第二类村庄,其特征是紧密内聚、经济分化程度高,这类村庄达成集体行动和提供公共产品意愿很高,仅次于第一类村庄。第二类村庄在经济结构上与第一类相反,这类村庄经济发达,经济发展的分化程度也较高,但经济发展不但没有瓦解村庄凝聚力,反而提高了村庄文化认同度,而且一部分富裕村民能提供较多的资源,包括物质资源与社会资源,形成了社会资本,促进公共产品的供给,这部分村民也成为集体行动中的领导者。这类村庄在东南沿海地区较为普遍,村庄中有通过经商和开办工厂获得极大经济收益的群体,更多的村民主要靠务农或打工获得收入。第三类村庄,其特征是村民经济分化程度高、村庄文化认同度比较低,这类村庄具有一定的代表性,由于经济发展方式多元,有的村民获得较好的经济机会,他们逐渐搬迁出村庄，另有很多村民脱离土地进入城市打工，与乡村社会的联系越来越弱，或候鸟式地往返于城乡之间，村里的常住人口主要是老龄人口与儿童。由于村庄的文化认同度比较低，村民对公共事务或有心无力，或漠不关心。第四类村庄，其特征是经济发展水平较低，村庄文化认同度低，这类村庄经济发展乏力，一部分村民在村庄价值长期遭到主流社会贬抑的话语中，对村庄的认同感降低，村民对公共事务缺乏热情，提供公共产品的意愿也较低。

根据对这四类村庄的观察，研究假设认为，影响村庄公共产品供给的要素中，村庄文化认同度与经济发展水平是内生变量，它们的不同组合产生了集体行动和公共产品供给水平的差异性。文化认同度高的村庄，无论经济发展水平高下，村民都热心公共事务，都有较强的公共产品供给意愿，村民经济水平的分化，不但没有成为村庄瓦解的要素，反而形成促进村庄公共事务处理的社会资本。也就是说，是文化认同，而不是经济发展水平，在乡村治理中起到了最关键的作用，文化是村庄认同稳固和公共事务参与的黏合剂与凝聚力。在文化认同度较高的村庄中，村民由于有共享的集体记忆和价值观，对村庄有强烈的依附性原生情感，对公共事务表现出很大的热情，而且愿意遵守约定俗成的社会规则，看重社会声誉和声望，这类村庄社会秩序普遍比较好。

还有一种类型的村庄，其经济发展水平一般，但是由于其他资源的不可得性，文化资源成为最主要资源，希望通过村庄内具有特质的文化资源的供给，获得突破经济发展瓶颈的机会，这个过程反过来进一步强化了文化认同。这类村庄在文化资源富集而其他资源匮乏的西部地区广泛存在，村民们通过"他者"的眼光发现了司空见惯的传统文化的价值，并在旅游业和文化产业发展中拓展了生计方式，激活了一些文化因子，形成文化自觉，强化了文化的认同。这种认同既有基于原生因素的部分，也有基于经济利益的部分。近年来，在文化产业的推动下，出现了乡村文化的复兴，但从批判的视角，必须看到这种所谓的"复兴"背后的权力关系和支配关系，为了迎合市场的发展，文化表征被不断放大和强化，试图以符号化来获取发展的契机，这种做法长期来看可能会造成对文化的破坏。

另外，集体行动也与村庄规模、村庄人口密度等特征相关，规模和人口密度决定了村庄公共产品的边际效用。根据"集体行动的逻辑"的推断，奥尔森认为，要实现集体的行动，以下三种集团比较容易达成合作。一是相容性集团，其比排他性集团容易达成集体行动。当集团利益趋于一致时，容易达成集体的行动。二是小集团，其比大集团更容易组织起集体行动。奥尔森认为，当群体成员数量变得非常大时，个体从以增加群体利益为目的的行动中获得的收益份额将变得微不足道，创造公共产品的行为就会终止。因此，集体规模是决定集体行动的主要因素，集体规模越大，提供公共产品的数量越少或可能性越小。另外，组织成员生活在一个静态社会，其行为偏好很容易被观测到。在重复博弈的情况下，理性的成员能预期到，较欺骗而言，诚信能带来更多的经济和社会收益，因此普遍对声誉十分重视，这就有效抑制了机会主义行为动机。三是具有选择性的激励集团，其比没有这种机制的集团更容易组织起集体行动。奥尔森发现，在存在相当程度不平等的小集团中，即在成员的"规模"（成员从一定水平的公共产品供给中获益的程度）不等或对公共产品的兴趣不等的小集团中，公共产品最有可能被提供，因为某个成员对公共产品的兴趣越大，他能获得的公共产品带来的收益份额就大，即使他不得不承担全部的成本，他也会提供这种公共产品。奥尔森实质指出了集团成员的异质性是集体行动得以成功的一个条件，这是一个类似于"智猪博弈"（pigs' payoffs）的局面。"智猪博弈"是一个著名的纳什均衡例子。猪圈里有两头猪，一头大猪，一头小猪，猪圈的一头有一个猪食槽，另一头安装一个按钮，控制着猪食的供应。按一下按钮，将有相当于 10 个单位的猪食进槽，但是谁按按钮就需支付 2 个单位的成本。在这个博弈中，无论大猪选择"按"还是"等待"，小猪的最优选择都是"等待"，"等待"是小猪的占优战略，给定小猪总是选择"等待"，大猪的最优选择只能是"按"。①

以上条件为分析村庄治理中集体行动提供了逻辑上的答案，从这个逻

① 张维迎：《博弈论与信息经济学》，上海三联书店、上海人民出版社，2005。

辑出发,在村庄组织是明确的相容性集团的前提下,村庄的小规模和村民的异质性可以解释为什么第二类村庄容易达成公共产品的供给,这得益于农村社会的分化和收入差距扩大。"富人治村""能人治村"在这些村庄中非常明显,发家致富的企业主热心当地公益事业,乐意提供公共产品,也更愿意承担村干部职务。当然,加入其他的变量,例如距离城市的远近、传统文化资源的丰富程度等,会产生不一样的结果。在城市近郊,由于土地租金价格高昂,经济机会多,"富人""能人"作为异质性群体发起集体行动的动机既与追求声望与名誉相关,更与获取经济利益相关。奥尔森的理论也部分地解释了为什么第三类村庄无法达成集体的行动,与第二类村庄相似之处在于,这类村庄也出现了异质性成员,但成员由于无法在集体行动中获得收益,因此没有动机供给公共产品。如果无法获取经济收益,又得不到其他收益,如在村中的声望与荣誉,村民就不愿参加集体行动就不能达成。这类村庄的文化认同度比较低,异质性成员获取声望与荣誉的可能性降低,他们倾向于迁离村庄,获取外部更好的公共服务机会。

第三章　乡村社会文化治理的内生基础

　　马克思通过对血缘亲属关系对社会治理影响的考察，认为惯习、风俗与传统司法是东方社会治理的主要工具。[①] 乡村有其自身内生的社会调控机制，传统社会调控方式和基层组织的特点保留更为典型。随着民族国家进程的演进，乡村社会经历了宗权、族权、绅权共同参与治理的模式及其被打破的重大制度变迁，但原有的治理系统并未完全崩散，在新的社会治理系统中，应该充分考虑路径依赖，乡村民俗的自然性和内生性使其成为富于生机和创造性的制度。社会规则通常是在较长时段的演化中产生的，并不断根据反馈来进行调整和发展，呈现出相对稳定和清晰的演化路径。这样一种规则被称为内在制度（internal institutions）或内生基础。[②] 乡村治理的建构如果不能契合乡村的内在制度，实施的绩效会大打折扣，而且会造成社会资源的巨大浪费。

　　从 20 世纪 20 年代的"乡村建设运动"开始，就一直存在着乡土重建和乡土落后两种观点的交锋，前者肯定了乡村可以凭借自身的基础来达成社会治理的目标，而后者则完全否定了以乡村自身资源实现社会进步的愿景，主张以现代化彻底改造乡村。事实上，依靠乡村自身的内部动力系统，才能真正地形成"造血"机制，达成乡村的治理目标。本书在理论上预设乡村存在文化治理的内生基础，这就是以文化为基础的社会组织方式和结构方式。在乡村社会中，文化及其外显的形态构成了权力的一部分来源，这形成了潜在的社会治理资源，通过权力与文化的作用，可以实现形成对乡村公共事务的自主性管理。文化的象征与符号是社会治理的资源，本章通过文化网络中的

---

① 《马克思古代社会史笔记》，人民出版社，1996。
② 柯武刚、史漫飞：《制度经济学：社会秩序与公共政策》，韩朝华译，商务印书馆，2000。

乡村空间、乡村仪式和乡村互助传统来分析乡村社会文化治理的内生基础。

第一节　乡村社会的内生权力结构

一部分学者对乡村社会的研究以文化为中心展开，例如杜赞奇在对华北农村进行研究时，提出"权力的文化网络"的概念，这个概念可分解为权力、文化和网络三个关键词，被用于围绕乡村的文化网络来分析其政治上的功能。在乡村社会文化治理研究中，权力研究是重要部分，理解权力在乡村社会中运作的特征及内在逻辑尤其重要。乡村社会文化治理研究着重于非正式制度中的权力，而不仅仅是现代国家权力。人类学家对权力的研究将时间线推到现代国家建立之前，1940 年，福蒂斯和埃文思－普理查德合编的《非洲的政治制度》一书出版，作为政治人类学的开山之作，该书阐明要讨论的问题，是在缺乏现代国家政治制度的社会如何维持社会秩序。编者界定了政治制度，即在特定的土地所有权架构下，能够使用武力并有组织地实践强制性权威的过程。他们认为，政治制度不仅是现代制度，前现代社会也应该讨论政治制度如何运作。上述立场，在埃文思－普理查德同年出版的《努尔人——对尼罗河畔一个人群的生活方式和政治制度的描述》一书中得到了详细的解释，这本书表现的是"没有统治者的部落""有秩序的无政府状态"。由于乡村社会保持着大量政府权力未能触及的范畴，这些论述为研究乡村社会文化治理中的权力结构和权力关系，提供了很好的借鉴。

一　乡村社会中权力的来源及特征

在研究治理时，"权力"是最常提及的词语，权力并不是一个孤立概念，其与"支配""纪律"等词语相联系：支配强调的是特定人群对命令的服从；纪律强调的是经由反复练习，命令得以执行，并建构起自动和固定的执行模式。[1] 英文中权力不一定只指 power，有时也指 domination 或

---

[1]　M. Weber, *Economy and Society* (Berkeley: University of California Press, 1978), p. 53.

authority，中文中的权力、权威、威信、支配、势力等也有细微的区别，反映了权力的不同来源和不同特征。乡村社会中常常被提到的"势力"也与此相关，更多地暗示因掌握正式与非正式的社会资本网络而形成的影响力。因此，权力不是一个孤立的概念，而是与资源、支配、社会资本等一系列概念相关。

（一）权力的来源

权力的来源是比较复杂的，基于马克斯·韦伯（Max Weber）的权力来源类型划分方式，乡村社会的权力也可分为三类。[1] 第一，来自理性及法律的权力（rational-legal domination）。其支配的基础，是确信权威必须合于法律，以及进行支配者在这些法律规定之下有发号施令之权利，即现代社会中基于法律和理性而设定的权力支配方式。第二，来自传统的权力（traditional domination）。其基于传统之神圣性及根据传统进行支配者的合理性，在传统等级社会中，世袭和祖先惯例的合法性通过各种手段被强化。第三，来自卡理斯玛或魅力的权力（charismatic domination）。个人凭借其独特魅力、才干或天赋而被赋予合法的支配地位。

乡村权力来源的分析旨在说明，行政权威只是权力的一部分，从广泛的意义上讲，权力是社会关系的集合，既包括宏大的社会关系，也包括家庭、宗族和社区等之中微观的社会关系，这些社会关系的复杂在于难以明确分割，透过文化的分析，这些权力发挥作用的机制才能展现。

（二）权力的特征

福柯等人的权力观都讨论了国家机器、法律等宏观概念之外的权力，将对权力的分析导向自下而上的分析视角。在乡村社会文化与权力的关系研究中，权力有以下几个特征。

第一，权力是中性的，权力并不意味着压迫。谈到权力时，人们倾向于将其与统治性、压迫性和社会阶级相关联，事实上，权力并不是负面力量，恰恰相反，权力作为社会关系的集合，是整个人类社会得以存在的基础和基本构成要件，不存在没有权力运行的社会，真实的社会不能被放置

---

① 马克斯·韦伯：《经济与历史 支配的类型》，康乐等译，广西师范大学出版社，2004。

于权力的真空之中。一个社会没有权力关系就无法存在，因此，权力的运行机制是生产性而非压迫性的。第二，权力是弥散性的、去中心化的。权力无处不在，以网状结构存在，不断变化，相互制约。权力并非宏大空洞的观念，而是具象的、细微的、与日常生活混融的。[①] 第三，权力是动态的。权力并不是静止的，权力的拥有者占领了整个权力领域，并采取各种手段来巩固权力。权力体现过程中主体之间的互动，表现了控制与反控制之间的博弈。第四，权力会不断被翻转和抵消。权力自上而下产生，也自下而上滋长，但是权力不会被轻易压制，它处于持续不断的被翻转和抵消的过程中。孔飞力（Philip Alden Kuhn）在《叫魂：1768 年中国妖术大恐慌》一书中，分析了权力怎样被底层民众俘获并实现翻转。"在这个权力对普通民众来说向来稀缺的社会里，以'叫魂'的罪名来恶意中伤他人成了普通人的一种突然可得的权力。""对大多数人来说，权力通常只是存在于幻觉之中，或者，当国家清剿异己时，他们便会抓住这偶尔出现的机会攫取这种自由漂浮的社会权力。只有非常的境况才会给无权无势者带来突然的机会。"[②]

二　权力与文化的联结

乡村社会文化治理研究中的"权力"，主要指非正式制度的权力。乡村社会实为民俗社会，其社会组织与文化特征在于民俗和非正式制度，非正式制度在乡村社会发挥着重要的作用。如前所述，由于权力的非中心化和弥散性等特征，权力的运用也超出了正式权力结构的范围，乡村的非正式权力与文化形成联结。

文化提供的象征和规范以网络化的方式组织了乡村社会，也成为权力的合法性根基。文化治理中的"文化"一词主要表征的是象征与规范，这些规范范围极广，既包括较为复杂的民间信仰，也包括成员的内心爱憎和亲亲仇仇，这些象征与规范塑造成员的社会认同，并由文化网络中的制度

---

① 郭峰：《福柯研究：权力与治理术》，博士学位论文，北京外国语大学，2016。

② 孔飞力：《叫魂：1768 年中国妖术大恐慌》，陈兼、刘昶译，生活·读书·新知三联书店、上海三联书店，2012。

来维系。社会组织通过与象征价值结合，获得权威和领导权的合法性。①这些正式和非正式权力联结交织，发挥着影响力。网络中既有实然的团体和组织，如乡村社会中的各类自组织，也包括人际关系结成的网络，以基于宗族或地缘、业缘等关系为特征。当今市场发展对乡村社会产生极大影响，乡村的文化权力网络也包含了市场形成的网络。在乡村社会，一方面，文化的权力网络是反映人们价值观念系统的象征与规范，由外显的文化符号、社会组织、仪式等表现出来；另一方面，这些符号、仪式、组织不是孤立地出现，它们形成一种内部的机制和制度，通过这些机制和制度联结起来并发挥作用。文化权力网络的核心在于文化与权力之间的关系，文化及其外显的形态，例如象征与符号，是社会治理的资源，也是被争夺的对象。

文化与权力的结合体结构松散，不具有外在强制性，但具有强大的内在约束力，主要具有激励、动员、规范等功能。乡村中的非正式组织的最大特点，在于其形式松散，不具有强制性，通过文化提供象征价值维系其运作，发挥动员、激励作用。乡村社会以文化维系的组织历来很多，这些非正式的组织与正式的组织共同发挥着作用，对乡村治理的意义重大，影响着正式制度的绩效。这些非正式组织以市场、宗族、宗教等为核心领域，例如历史上的青苗会、迎神赛会等。在不同的历史阶段，这些社会组织与正式制度的关系比较复杂，有时被正式制度庇护，或与正式制度共同发挥治理作用，例如，在清末以前，统治者借助相关象征资源深入下层社会，实现其统治目的；但历史上很多时期，这些组织也成为反对和抗衡正式制度的载体，或成为对正式制度进行消极抗拒甚至公开反抗的社会基础，因此，历史上统治者对这些组织保持着警惕之心。在当今社会，这类组织的形态非常复杂，因地因时表现出不同的形态。

三　乡村权威在文化治理中的功能

乡村权威作为乡村权力的人格化象征，在整个意义符号系统里的地位

---

① 杜赞奇：《文化、权力与国家——1900—1942年的华北农村》，王福明译，江苏人民出版社，1996。

非常重要，他们的权力既产生于文化的象征和意义，又通过对文化符号的生产和解释得以强化。历史上，以乡村士绅阶层为代表的乡村权威在治理中发挥了积极的作用，表达了文化上的一种自信，这样的自信，只会存在于那些相信自己是文化传统当仁不让的继承者的人们身上，当滋养这种精英自信的社会和文化制度崩溃以后，这样的自信就变得稀缺了。① 当前的乡村权威指的是在乡村社会拥有较多文化、经济、社会资源的人群，这几类乡村权威可能在个体的身份上实现重叠，也可能分离。在文化治理实践中，乡村权威在非正式制度领域发挥着积极的作用。乡村权威与乡村基层干部有着明显的区别，前者更多地强调其非正式权力结构中的身份，是凭借名望、品德、传统地位在特定的文化环境中形成的权威人物，即占有道德、文化和社会资源较多的人物，或者依靠经济能力崭露头角、具有号召力和影响力的人物。

（一）乡村权威的类别

乡村权威一般由几部分构成。一是正式权力溢出部分的获得者，指的是曾经在地方各级政府中担任官员的人群，虽然已经退出国家正式管理体制，但获得正式权力的溢出部分。明清以来政府在村庄设立行政权力机构和正式的村庄领袖，由村民选出，或者由州县或府衙任命，这些人被称为"社长""乡约""地方"等。他们实际上是政府在基层行政组织中的代理人，主要为乡村控制的目的服务。② 这些代理人往往不能完全掌握权力，成为地方官员与乡绅在处理行政事务中的中介，因此，其虽然身处正式权力结构中，但地位并不高。直到 20 世纪 40 年代之后，这样的情形才发生很大的变化，他们逐渐排挤乡绅获得实质性的权力。当前国家正式管理机制中，乡村的权力架构发生了实质性的变化，基层官员在乡村事务处理中获得了更完全的权力。他们即使是在退出正式权力系统以后，也仍然享有较高的权威，普通村民相信这些人群在正式权力系统中习得的政策解读和

---

① 孔飞力：《叫魂：1768 年中国妖术大恐慌》，陈兼、刘昶译，生活·读书·新知三联书店、上海三联书店，2012。
② 萧公权：《中国乡村：论 19 世纪的帝国控制》，张皓、张升译，台北：联经出版事业股份有限公司，2014。

公共事务处理能力。目前，国家大力支持在乡村治理中发挥"新乡贤"的作用，这些"新乡贤"很多来源于退休官员，实质上其权威衍生自正式制度，他们由于熟悉正式制度运作的方式，并且能够与正式制度进行有效沟通，因而被认为具有某种社会资本。很多"新乡贤"并非本地的退休官员，而是来自更高层级的权力系统，村民因此相信他们在处理乡村治理事务中拥有更高的能力。

二是血缘宗族关系中德高望重的长者，如族长等。中国的乡村社会保留着大量的前现代特征，基本上是一个人情社会而非契约社会，基于血缘、地域化的社区中，传统与伦理是文化治理的重要基础。乡村社会的宗族、民间信仰体系相关人员中的长者，其权威一部分来自传统的设置，他们沿用先例和习惯法来对乡村社会进行治理，具有不证自明的合法性；另一部分来自长期处理内部事务获得的经验和裁度能力，他们因此在乡村社会中享有较高的声誉，获得乡邻的支持，并在乡村公共事务的决策中产生重要的影响。尤其在人数多、实力较雄厚的宗族中，长者往往享有很高的声望，即使在宗族关系不甚紧密的地区，一些德高望重的长者依然是乡村权威的重要来源。

三是在乡村中有较大影响力的知识分子群体。他们占有更多文化符号，通过符号、仪式和语言的生产、解释、展演获得权威。历史上乡村知识分子在科举系统中获得一定地位后，虽然未必获官职，但会因学术成就与帝国政府的官职升迁体系紧密相连而获得声望，这一部分人就是士绅阶层。这部分人群在不同的阶段和环境中有不同的身份，在传统时期，他们是读书人、士绅，在少数民族地区，他们是民间信仰的领袖、民俗典籍和仪式的阐释者与知识分子的复合体，其意见在村庄事务中的作用至关重要。例如纳西族的"东巴"和彝族的"毕摩"，是作为人神沟通媒介的"巫"，具有阐释神异的能力，民众对不可知神秘力量的惧怕和敬仰通过作为媒介的"巫"得以体现。但同时他们发挥着知识分子的功用，彝族的"毕摩"不仅在祭祀祈祷中扮演重要角色，还整理典籍，传授文字。纳西族的"东巴"，集歌、舞、经、书、史、画、医于一身，是族群中的高级知识分子，他们甚至发展出一整套与现代科学观念迥异的宇宙观和自然观。随着乡村社会结构和社会关系的改变、乡村文化的组织和承载系统的逐渐消失，乡村社区的文化凝聚力发生变化，一部分文化精英与经济精英合一，仍然享有极高的声望，另一部分只持有文化资源的人逐渐在村庄公共话语中消失。近年来，在乡村文化产业和消费社会的推动下，乡村文化重新获得关注。农耕文明培育出来的中国文化，具有田园的美学传统，在迅猛推进的城市化进程中，乡村情结作为一种集体的记忆深植于民族意识深处，当这种情结与社会消费趋势吻合时，乡村就超越了地域的概念，成为文化乡愁的源头而被赋予某种象征意义。在这样的情况下，乡村占有地方性文化资源较多的人物，再一次获得权威和话语权。

四是在经济发展中占有较多经济资源的乡村能人。在传统的农业社会中，由于农业生产四季循环的特征和代际相传的经验传承方式，权威主要来源于年龄和农业生产技能；除此之外，也来源于性别、成员身份以及对财富、社会网络等资源的占有。在当今乡村社会发展中，经济资源越来越成为权威的来源。在市场经济发展的背景下，一部分在经济领域崭露头角、获得财富并在当地具有一定影响力的人物，往往被称为"能人"，他们在集体行动中凭借自己的资源，对当地经济发展产生一定的带动作用，增加了公众的福利，有的带领村庄发展产业，走向致富之路，进而在乡村治理领域也多有建树。他们占有更多的社会资源——无论是物质资源还是观念资源、社会网络资源、信息资源等，具有极大的个人感召力，在经济发展中，这部分人群的能力获得乡村社会的广泛认可，在很多地区，其权威性逐渐超越前面的几类权威。尤其是20世纪80年代以后，在经济发展的主流话语中，村庄的认同多元化，原有的文化、声望等要素很大程度上被经济发展所取代，在一部分村庄中，地方文化和宗族等依然是隐性的身份认同的要素，但是在相当大程度上，经济成功的能人已经成为地方权威人物的主要来源。

（二）乡村权威在文化治理中的具体作用

首先，乡村权威能成为沟通国家治理与乡村治理的重要链条，实现社会资源的充分利用。长期以来，乡村社会以血缘为纽带，以传统习俗和道德来维系文化的再生产，士绅通过科举和财富获得地方性权威身份，成为文化再生产的枢纽人物，同时也是上下政治生活沟通的环节，在国家与下层民众之间起到中介和斡旋的作用。今天的乡村治理中，乡村权威一般与基层政权有着正式或非正式的联系，熟悉体制的运作规则，又深谙地方的社会结构、价值观念和行事逻辑，掌握现代治理中的社会文化资源。因此，国家政策在乡村社会落地的过程中，需要中间环节起到转译政策和下情上达的作用，表达乡村利益诉求。

其次，乡村权威在公共秩序建构和公共事务处理中发挥着重要的作用。历史上乡村权威是社区公共事务处理的组织者，承担着管理社会的公共职责，如举办慈善活动、管理庙宇祠堂等公共文化机构、兴建水利等公共工程、维持社会治安、教化民众与调解矛盾等。当今在乡村社会推行的现代治理中，公共事务的承担主体逐渐上移，公共事务处理更多依靠国家财政的转移性支付和正式制度管理。但在由一个个具体村庄组成的乡村社会，其对公共产品的需求与国家供给存在一定的差异性，尤其是对地域性特征明显的公共产品的需求，无法从国家供给中获得满足，自主性供给一部分公共产品是适宜的选择。村庄的公共生活是公共产品供给的基础，乡村权威人物是核心的凝聚力量，他们的个人号召力以及对地方性资源的了解，是推动实现公共秩序建构和公共事务处理的重要力量。

最后，乡村权威在地方性文化保护中起到重要作用。乡村权威历来是乡村文化的持有者、维护者和传播者，系统性地生产文化符号，对乡村文化的延续发展功不可没。历史上他们致力于文化教育，以设立学堂等方式传承和延续地方文化、建设乡村社会的知识吸收与知识扩散的平台，也使文化教育和文化持有权下沉，改变了上流社会垄断文化教育权的状况，同时对保存地方性知识起到积极作用。随着现代教育制度的确立，在乡村社会普享公民现代教育的同时，地方性的文化在这个过程中不断被排挤，乡村文化灭失的风险越来越大，乡村权威，尤其是文化权威的作用应该持续发挥。

（三）乡村权威的未来走向

19世纪中期以来，尤其是在新学堂取代科举制度的变革中，作为传统社会基础的士绅阶层发生了剧烈的分化，动摇了传统社会的根基。科举制度废除，原有上升渠道制度性解体，逼使他们不得不另谋生路。①
传统乡村士绅的分化表现在：除了部分继续进入仕途外，其他人向工、
商、军、学甚至下层社会分流，部分地放弃了地方社会的治理权，乡村社
会形成权力的空白，导致一部分投机者乘机攫取乡村控制权，形成了"劣
绅化"的趋势。同时，在现代性进程中，祛魅和理性化的力量，极大地解
构了乡村社会文化治理的基础性力量，对乡村权威的生存基础形成系统性
的打击。

　　中华人民共和国成立后，乡村社会历经多次大规模社会改革，乡村权
威也几度沉浮。在经济发展的过程中，出现"富人治村""能人治村"等
现象，富人、能人作为新的乡村权威，其经济资本与基层政权结合，产生
不同的后果：积极方面，能有效带动地方经济发展；但消极方面，这些新
的精英人物能更多地获取资源配置的能力，最大化自己的收益，损害乡村
社会的整体权益。他们与传统的乡村权威不一样的地方在于，传统的乡村
权威深受文化约束，道德规范既是其权力合法性的来源，也形成制约其行
为的文化机制。而当今的经济权威崛起于经济改革背景下，形成经济利益
高于一切的价值观念，文化的约束力对于他们比较弱，如果正式制度无法
形成有效的约束，则乡村的政治会面临新的危机。

　　乡村社会结构和文化一直处于变迁过程中，但其根本性的结构依然存
在。在价值观分化的同时，乡村本质上仍然是一个伦理本位的社会，在适
宜的制度环境中，乡村权威的文化治理功能会最大限度地发挥作用。目前
国家政策的积极导向，就是创造有利于乡村权威发挥作用的制度环境，激
发乡村权威发挥其社会资源作用的动机，尤其是给予其深层次的文化激
励。从个体的动机出发，乡村权威在组织内对社会资源的运用，使得其他
的组织成员受惠，在增加了公众的福利的同时，也给自己带来回报，正如
哈定定义的政治企业家，他们发现为有关团体提供集体利益符合他们的私
人利益。这些私人利益中很重要的一方面是获得认同感以及乡村社会对权
力、权威的敬仰给乡村权威带来的个人和家族的满足感，这种认同感和满

---

①　朱新山：《试论传统乡村社会结构及其解体》，《上海大学学报》（社会科学版）2010 年第
　　5 期。

足感同样被认为能增进效用，尤其是在中国有宗族传统的乡土文化背景下，乡村社会对权威人物在承担社会责任方面有更多的期望，乡村权威也能得到更多的认同感，这就有助于解释乡村权威行动的逻辑。①

四　权力文化网络中公共产品的供给

从对理论源头的追溯来看，公共产品理论的研究基点在于为公共政策的确立提供坚实的基础，因此，公共产品的研究，从经济学的角度来说，主要聚焦于供给效率，无论是对公共产品具体形态的变化、在供给过程中的出现的问题的讨论，还是对市场和政府等作为供给主体的优势和劣势的分析，供给效率始终是公共产品理论本身的基点和核心；从公共政策的实践来说，公共产品的供给关键在于合法性，即要合乎道德合法性。这也契合了亚当·斯密财政学原理的两个原则："the principle of authority"（合法性原则）和 "the principle of utility"（效率原则），这两大原则也被认为是公共财政理论的基本原则。② 关于公共产品供给的效率原则，已经有了广泛的共识和深入的论证，而合法性原则则是一个没有得到充分论证的问题。根据马克斯·韦伯的划分，人类社会可以分为三个类型：习俗型或传统型、集权型、法理型。③ 在习俗型社会中，统治社会的最重要力量是习俗或传统，这类社会属于前现代形态，而集权型和法理型社会属于现代形态。中国的乡村社会，很大程度上处于习俗型向集权型和法理型过渡的社会状态。公共产品的供给，不但要注意效率原则，更要注意到合法性原则，即公共产品的供给要合乎乡村社会的规范和传统力量。著名经济学家罗斯托认为，在经济过程中遇到的巨大困难"在于其非经济方面：心理的、社会的和政治的过程。它们相互作用并与经济变化交织在一起，推动

---

① 李佳、郑晔：《乡村精英、社会资本与农村合作经济组织走向》，《社会科学研究》2008年第2期。
② 汪丁丁：《财政理论：西方与中国》，《财经问题研究》2009年第1期。
③ 马克斯·韦伯著，约翰内斯·温克尔曼整理《经济与社会》（上卷），林荣远译，商务印书馆，1997。

社会从特定形式的传统社会转向特定形式的增长社会"①。民众对公共产品的认知、偏好等形成公共产品的社会选择过程，反过来，这个社会选择过程又极大地影响了公共产品供给的实际效率。

乡村公共产品分为一般性公共产品和特殊性公共产品，一般性的公共产品是指具有非竞争性和非排他性的公共产品，如公共卫生、教育、水电基础设施、道路建设、江河治理、治安环境保护等。由于乡村内部的力量不足以供给这类产品，市场也缺乏供给的动力，一般认为政府应成为此类公共产品的供给主体，在现代社会，人们普遍认为这是政府的基本功能和职责。特殊性公共产品一般为准公共产品，这类产品具有一定的非排他性，有竞争性和外部收益性，主要包括教育类和文化类的公共产品，或由于民俗、传统和信仰的渗入，具有了文化特征的一般性公共产品。特殊性的公共产品具有两个特征，即内在的偏好性和强烈的异质性。内在的偏好性特征，指的是由于文化上的认知和根深蒂固的文化传统，对应群体对公共产品的偏好性，尤其是基于区域、族群等区别的对公共产品的偏好性非常强烈。由于文化是依托于异常复杂的人文社会和空间形成的，不同群体语言和社会习俗都非常不一样，单一的文明区域不存在，地域、民族、历史文化和宗教信仰等方面的差异性带来了在文化上的审美趣味的差异，进而形成偏好性。强烈的异质性特征，指的是一些带有文化特质的公共产品中蕴含着共享的价值和规则体系，这些价值体系有的是明晰表达的，有的则是通过非正式制度表达或者隐性存在的，这一类规则往往在成员内部习得和流传，文化圈之外的成员难以领会。相较于其他产品，这些异质性产品与历史、民族、艺术、伦理等因素相关度更高，区域间和族群间的差异性也更明显，因此在生活方式、经济生产方式及社会组织模式等方面的差异形成了公共产品外在表达方式的特殊性。

纯公共产品的范围是比较有限的，乡村社会大量存在的是准公共产品，准公共产品由于受益人相对固定，效益外溢范围通常限于少数利益相关者，因而可以将少数受益人联合起来，通过共同费用分摊，实现利益内

---

① W. W. 罗斯托：《经济增长的阶段：非共产党宣言》，郭熙保、王松茂译，中国社会科学出版社，2001。

在化，乡村社会部分公共产品的自我供给不失为很好的乡村治理策略。公共产品的自我供给在长期的历史过程中形成了一定的模式，经过不断的试错和纠错，这个模式获得了一定的合理性，尤其是文化特质突出的公共产品，由于强烈的地域性特征，路径依赖更为突出。

公共产品的划分具有一定的局限性，宽泛来说，一切产品中都包含着文化的要素，将公共产品切割为文化类和非文化类并不准确。特殊性公共产品的文化特征更为显著是事实，但一般性的公共产品中也充满着文化的影响，即使这些产品是由政府进行标准化供给的，相关实际实施和运行过程也会在不同地区呈现不同的效果，即与实施中地方文化权力网络相关。例如，之前的研究一般认为，在乡村公共产品需求中，存在明显的序列和梯度性，一些研究试图通过实证研究证明：农田、水利设施等基本公共产品排在最前序列，道路、医疗等公共产品排在村民需求的第二序列，养老、社会救济和市场信息跟随其后，在这些基本公共产品需求得到满足后，才产生对教育等公共产品的需求，而文化产品被排在需求的最后序列，对其的需求被列为最后需要满足的需求。

这些结论令人无法信服的原因，在于未能理解文化作为基础性要素在其他公共产品供给中的潜在功能。以水利为例，中国农业经济对水这一重要资源极度依赖，中国也是水旱灾害较为严重的国家，根据历史资料，从公元前206年至公元1949年新中国成立的2155年间，共发生过较大水灾1029次，较大旱灾1056次，水旱灾害共2085次，平均几乎每年发生一次较大的水灾或旱灾。[①] 因此，水利是乡村社会最重要的公共产品，围绕水资源的利用，基于不同的文化手段，发展出不同的社会组织和控制方式。相关理论中最有影响力的理论是魏特夫（Karl Wittfogel）的治水国家说，他提出水利与国家构成、意识形态之间的关系，认为在南亚和东亚三角洲平原地区，水利作为大型的公共产品，必须通过劳动合作提供，合作必须由庞大的官僚系统组织进行，国家对水利的整体控制是东方专制主义形成的原因。[②] 黄宗智认为长江和珠江三角洲地区宗族组织与水利工程的规模

---

① 朱尔明、赵广和主编《中国水利发展战略研究》，中国水利水电出版社，2002。
② 卡尔·A. 魏特夫：《东方专制主义》，徐式谷等译，中国社会科学出版社，1989。

相符，可以视为同一生态系统里互相关联的两个部分。① 杜赞奇通过对 19 世纪河北省邢台地区水利管理组织"闸会"及相关祭祀系统的分析，来说明文化网络是如何将国家政权与地方社会融合进一个权威系统的，他考察的重点是水利组织与乡村不同利益群体如村民、士绅之间的关系，水利组织庙宇体系的象征性权威等问题。②

在水的控制和利用过程中，通过凭借公共产品的供给实现资源的控制和利用，发展出一系列农业仪式。最为典型的是龙王信仰系统，尤其在水资源最为稀缺的山西省，龙王庙的数目十分庞大，龙王信仰系统通过祀龙祈雨、敬拜龙王等活动，传达对水利产品的需求，并衍生出戏曲、禁忌和风俗等。河南一些地方有给龙王唱"雨戏"的活动，即以戏曲的方式达到娱神的目的，禁忌则是维护龙王权威的手段。龙王庙除了祈雨仪式外，还发挥着实际功能，即确定水利秩序并充当水权博弈场所。帝制时代，由于水利的重要性，国家也参与到祀龙祈雨的活动中，在龙王庙的修建和祈雨的活动中，政府官员都会作为国家的代理人"在场"，明、清两代，国家通过引入、扶持龙王信仰与修建龙王庙，保持了对于灌溉活动的适度介入。

在治理水患的活动中，一方面，将水利作为公共产品持续供给，另一方面，以文化产品的供给实现社会动员的目的，通过凝聚认同、维护社区稳定的方式，为水利这种产品供给的具体形式提供了权威的合法性。因此，公共文化产品编织出乡村社会的意义之网，与其他公共产品的供给并无排序的高低，它嵌在公共产品供给的网络结构中，为其他产品的顺利供给发挥基础性的作用。

第二节　乡村社会的空间形态与公共事务

在农耕社会长期发展过程中，乡村公共空间承载着重要的意义系统，乡村社会民众的日常生活中，小至居住格局、家庭信仰和神明空间建构、

① 黄宗智：《华北的小农经济与社会变迁》，中华书局，2000。
② 杜赞奇：《文化、权力与国家——1900—1942 年的华北农村》，王福明译，江苏人民出版社，1996。

家庭性别空间区隔等，大至乡村公共空间型构、村庄聚落形态等，无不与根深蒂固的空间观念相关。空间是乡村文化网络的基本构成，形成了乡村的文化基本观念和结构。所有的文化都是在空间中铺陈和展开的，把看似碎片的事项放入空间的框架中，尤其是梳理乡村公共空间与公共事务的联系，能够得到更好的关于文化的理解。公共空间形成了公共事务的场域，公共空间、公共领域是文化治理的土壤、社会基础和重要内容。因此，空间是乡村治理的内容，对空间的调适也是乡村治理的重要途径。

一 乡村公共空间的意涵

空间呈现先验性存在的状态，也是一种普遍的观念结构，人类社会的空间组织有其独立结构和内在的逻辑性，往往又与时间等要素相互包容和相互型构，涵盖极广，从物理学到美学，从神话巫术到普通的日常生活，空间连同时间一起，共同把一个基本的构序系统楔入人类思想的方方面面。[①] 在中国的乡村社会，与城市中的咖啡馆、俱乐部等形式迥异但旨趣相同的公共空间一直存在，并成为乡村社会基础和社会秩序生成的载体。通过在物理形态的公共场所展开的社会公共活动，物质空间演变为社会、文化和政治空间，具备哈贝马斯讨论的公共领域的特质。空间的先验性存在与社会文化要素的构建相互契合，反映着社会生产方式和社会组织形式。乡村公共空间是具有公共性的社会领域，是行动的媒介与结果，也是行动、思考、生产、控制等的工具，社会活动在空间中展开，赋予空间公共性，空间因而具有了社会学意义。

公共领域与文化的交叠之处在于"公共性"，文化具有公共性的天然特质，从词源学的观点来看，与"文化"（culture）曾经很长时间作为同义词使用的"文明"（civilization）一词，其词根源自拉丁文 civilis，指"公民的"。文化、文明都是群体性思想观念的总体性描述，是人们公共生活形成的结果，存在于公共领域之中。公共性决定了公共领域的边界，进入公共领域意味着个体在某种文化观念和文化价值上达成一致。由于公共

---

① 罗伯特·戴维·萨克：《社会思想中的空间观：一种地理学的视角》，黄春芳译，北京师范大学出版社，2010。

领域是开放和流动的，它介于国家与社会之间，因此，公共领域与国家和社会之间的边界也是流动和不确定的。①

空间的概念与聚落形态及区域等方面的研究都有很大的相关性，本书中乡村公共空间与乡村聚落形态的研究范围有重合之处，但关注重心又有显著的区别。乡村聚落形态关注空间分布，关注乡村具有功能性的民宅、道路、广场、学校、仪式场所等基础设施的布局和建筑形态，聚落形态依据不同的分布特征和紧密程度，表现为散漫型或集聚型。② 乡村聚落形态从地理学的视角关注空间景观、环境生态等及其与产业结构、土地利用等要素的关系，关注点在于物质性空间的分布。本书中的乡村公共空间，在文化的意义上，除上述典型的未被破坏的聚落形态特征外，更多地关注到戏台、庙宇、祠堂、传统集市等具有典型意义的文化空间，在这些空间的日常活动中蕴含的空间观念和空间意识是文化的核心。乡村公共空间的概念，不仅是地域的有形概念，也不仅仅是乡村聚落的形态描述，还是社会文化的媒介，有着独立的观念结构和自身存在的独特逻辑。

与空间相关的另一个学术范畴是"区域"，在学术意义上，区域不是与行政区划等同的概念，而是由历史本身所形成及建构出来的具有内在相似性的空间，强调的是区域的内在"结构"和"结构的过程"，也就是强调其动态性。区域研究注重较为宏大的历史过程对文化观念的塑造，在较长的时间过程中分析区域观念的变动，这些观念的形成和演变反映其流动性，政治经济的发展、战争和政权更迭等因素深刻影响了乡村的生业、社会组织、信仰形态等，进一步影响了其地域观念。③ 本书中的乡村公共空间，也注重历史对文化观念的塑造作用，认同空间是在长期历史过程中建构出来的有文化相似性和共同群体记忆的范畴，但研究重心偏向文化性的分析，在"地方性知识"和"地方感"特征的基础上，阐释空间如何表达乡村社会的文化观念，以及空间中如何在场景、认同等背景下产生社会关系

---

① 陈勤奋：《哈贝马斯的"公共领域"理论及其特点》，《厦门大学学报》（哲学社会科学版）2009 年第 1 期。
② 左大康主编《现代地理学辞典》，商务印书馆，1990。
③ 赵世瑜：《小历史与大历史：区域社会史的理念、方法与实践》，生活·读书·新知三联书店，2006。

和发生社会变迁，以分析空间作为乡村社会文化治理的基础如何发生作用。

二 乡村公共空间的形态与特征

（一）乡村公共空间的形态

乡村空间既宏大又具体而微，且有相当的弹性，宏观至宇宙观，微观至区域地理、聚落、市集、家户空间等。从形态来看，其中的乡村公共空间可分为物理空间和虚拟空间，物理公共空间一般具有鲜明的区域特色，表现出与环境互相形塑的特征。物理公共空间构成人们活动的物质性框架，在乡村社区，这样的场所经常是人们周期性举行仪式活动的宗教场所，如寺庙；也可以是人们娱乐活动的场所，如戏台；还可能是经济活动的场所，如集市。乡村的自然风景地和生活中的频繁活动区也是人群常常集聚的场所，如小河边、水井旁和小卖部等。目前，正式的政治空间如村委会等，在村民的生活中起到越来越重要的作用。但从时间序列来看，乡村公共空间的形成先于现代国家和政府，其中蕴含的文化密码也更为复杂。

乡村社会虚拟的公共空间，涵括了公众群体的公共话语及舆论空间，并形成相应的载体和制度设置。民间社会长期存在的"社""会"等机构，可被视为虚拟公共空间的形态，这些机构与地方信仰、经济和文化组织有不同的名称和内容，如广泛存在的青苗会、水利会等，其基本功能在于处理社会公共事务，同时形成了公共意见表达空间。依靠血缘、地缘关系形成的兄弟会、同乡会等组织，也有同样的性质。地方文人建立的书社等组织，兼有教育和公共文化交流功能。无论是正式还是非正式社团，这些虚拟形态的空间往往都与"族"（家族、宗族、民族）实现连接。虚拟公共空间也指社区内普遍存在着的一些制度化组织和制度化活动形式，如村庄内的农民组织、传统的文化活动、红白喜事仪式活动等创造的空间。社会学意义上的公共空间，关注的是社会内部业已存在的一些具有某种公共性且在特定空间相对固定下来的社会关联形式和人际交往结构方式。

（二）乡村公共空间的特征

乡村公共空间具有以下特征。

第一，多重空间的层累叠加。乡村空间是层累的，单一的公共空间很少，异质的空间层累叠加是常态，如民族国家设置的空间形式与社区存在的传统空间形式之间的交叉、以资本为核心的市场经济所型构的公共空间与民族经济公共空间的叠加。① 在具体的空间中，层累了多重空间意象，构成复杂的空间解读。

从功能来看，乡村的传统公共空间可分为神圣空间、经济空间、娱乐空间、记忆空间和规训空间等，这些空间的功能也可能是叠加的，例如宗祠既有记忆的功能，也有规训的功能。庙宇是典型的神圣空间，但也具有其他的功能，它既是进行祭拜和举行宗教仪式的场所，也是举办庙会和节日庆典的空间。除此之外，地方慈善活动和其他公共事务也在这些场所进行，例如当发生大规模疫病和饥馑时，庙宇常常成为治病和赈灾场所。此外，庙宇还有提供安全这种公共产品的功能，马克斯·韦伯认为，由于传统的中国国家政权无力向广袤的乡村地区提供安全保护，乡村聚落不得不自己联合起来，填补这种空白。在乡村社会，庙宇是提供这种公共产品的机构，庙宇不仅是宗教文化场所，更重要的是它已经成为中国乡村一种公共权威象征和机制，具有广泛的社会与法律制裁作用。②

除庙宇外，戏台和集市也体现了空间叠加的特征。戏台是神圣空间和娱乐空间的叠加，是乡村公共文化生活的一个重要空间，信仰活动与娱乐活动常常重合，在庙会期间还有游行、唱戏、宴饮等活动。娱乐活动的初衷是"娱神"，通过歌舞形式与神沟通。戏剧内容除了对神灵表达感激和敬畏之外，也有部分驱鬼逐邪的内容，是上古社会节庆中的模拟、巫术控制、狂舞欢歌、禁忌、牺牲、宴饮等形式的延伸，后来也成为民众娱乐的方式，具有全民参与和狂欢性的特征，社会等级与性别的禁忌暂时被打破，被礼教严格限制的女性也能参与其中。集市是典型的经济空间，但也叠合了其他功能，除了开展经济活动外，还具备复杂的文化功能。传统的集市并未因为现代市场的发展而完全消失，现代市场单一地在物资交流方面发挥了极大的作用，但传统集市的社会文化功能却难以被替代。直至今

---

① 王锋、魏劭农：《公共空间的社会科学维度研究》，《求索》2013 年第 7 期。
② 游祥斌、彭磊：《社会资本——中国"草根民主"的文化基础》，《山西大学学报》（哲学社会科学版）2011 年第 5 期。

天，在广大的乡村，乡村集市依然存在，单个的集市通过商品的流动及集市的有关功能与中心地区发生着关联，依然是市场体系的一个构成部分，除了基础性的资源配置的经济功能外，乡村集市具有重要的社会文化网络意义。集市成为市场中心及其周围地区的不同经济、社会、职业等领域中组织的一个重要的相互作用的节点。传统时期，以集市为中心构建的区域不仅仅是经济单元，而且是通婚圈、地方权力范围和信仰区域，集市也影响了社会组织方式，与地方性社会组织之间有互构关系。

第二，空间与乡村文化观念的互嵌。乡村公共空间是观念结构的表达，观念、秩序建立或镶嵌在空间里，通过日常行为和仪式体现出空间的观念隐喻。"空间的生产"这一重要概念，认为空间本身是人类进行生产的环境，又被人类所生产。空间是由整体社会结构的动态塑造的，空间形式（spatial form）与社会过程（social process）之间的关系，表现为二者是相互构造的，空间形式容纳社会过程，而社会过程也影响空间形式。① 乡村公共空间既构成人们一般性活动的框架，是人类行为的场所，具有经济活动、地理网络、制度进程等方面特征，又是人类心智的空间，也反映出集体性的美学特征。乡村文化空间和文化意象是物质文化、精神文化和制度文化在历史上形成的结构系统，与自然地理、社会环境相辅相成、彼此依存。因此，乡村公共空间与乡村社会关系和社会结构相互嵌构、相互表征。

三 乡村公共空间的文化表征与治理功能

乡村社会中，具体有形的空间就是一个文化模板，蕴含其中的基本的文化观念被反复灌输，形成学习机制。在日常的生活中，通过空间的使用，文化观念和空间术语互相转化，形成一个自然熏习的过程。② 乡村公共空间表征着特定的文化观念，并通过日常活动潜移默化地发挥着文化治理的功能。

（一）交流场域中的公共事务处理

公共空间是公共生活的物质框架，也是公共话语交流的场域。由于村

---

① 戴维·哈维：《社会正义与城市》，叶超、张林、张顺生译，商务印书馆，2022。
② 白馥兰：《技术与性别——晚期帝制中国的权力经纬》，江湄、邓京力译，江苏人民出版社，2010。

庄是一个具有相对独立的文化结构和政治结构的共同体，与其他类似单元在地理上隔开一段距离，村民把村庄作为基本活动范围，村民之间存在较为紧密的经济利益纽带和文化纽带。与城市社区比较，乡村中私人空间的开放性和互动性更为明显，公共空间的使用也更为频繁。村民在公共空间中的公共生活包括日常的聊天、交流、娱乐活动、社区事务的讨论等，也包括仪式活动等。在其中的公共交流中，对话具有平等性和自由性，反映着参与者的意志。经济、社会、文化生活具有独立区域。公共空间通过构建社会秩序和使人们在其中展开公共生活，推动信息传播和形成公共舆论，满足了村民们的生活、娱乐、休闲、交往的需要，在这个过程中形成了公共事务处理的社会基础，也成为促成乡村社会集体行动（如村庄建设和自我供给部分公共产品等）的平台。

（二）公共活动载体中的情感认同

乡村社会的私人空间和公共空间发挥着礼仪载体作用。乡民的私宅中，除了日常生活的功能性和审美性之外，强烈地体现出长幼秩序和性别区隔等特征，其中礼仪性体现得最为突出。公共空间则更为明显地体现出礼仪载体的功能，尤其是在各种类型的庙宇中，乡村庙宇一般体现佛教、道教和地方信仰系统，但即使是道观和佛寺也体现出强烈的区域性特征，乡村地区建有大量的儒释道并流的庙宇和本地信仰系统的庙宇。庙宇有非常丰富的活动，村民求子、求平安、孩子周岁、出门远行和生病讨魂等，都要到庙中献祭祈灵。道教庙宇每年举行北斗会、南斗会、观音会等道教法事，并参与举办村民新宅落成的谢土、丧礼上的亡灵超度等仪式。儒家的祭祀仪式主要在孔庙举行，展现儒家礼仪和文化教化传统。由于共同的信仰基础，村民围绕信仰形成了许多重要的活动，如建设修葺信仰空间、共同参与仪式活动等，形成由信仰整合的共同体，并且具有共同的情感凝聚特征。

（三）社会秩序隐喻中的规范建构

乡村社会中，经由仪式和信仰等创造的神圣空间，如以建筑（庙、寺、祠堂等）为表达形式的物理空间和通过仪式庆典表达的虚拟空间，构成了神、鬼、祖先、家族、社区、国家的空间符号系统，强烈隐喻着现实社会的秩序，形式上形成与现实社会秩序的同构。家屋中的神龛与祠堂内的家族祖先谱系陈设，使得日常生活中祖先、神明等各类社会秩序的制定者和维护者时时在场，敦促个体开展自我规训。国家意志也以各种形式嵌入空间中，乡村普遍存在孔庙，反映了正统意识形态的植入。当今国家在乡村建立的各种公共文化设施，反映出国家对乡村社会的思想引导和秩序建构的意图。这些乡村空间体现了空间与权力的联系。空间不是空洞的，是人们基于文化、权力和资源分配所形成的一种社会安排，与"秩序"紧密相连，因而与知识、符号、代码有关。

（四）集体记忆容器中的共同体意识培育

乡村社会的空间是承载个人、家族和村落记忆的媒介，某一集体的记忆发生在特定的时间和空间中，成为乡村社会的认同感来源之一。虽然集体记忆的载体形式多样，例如谱牒、口述等，但具体空间的场景性、可进入性和可触摸性，使其成为最鲜明的意象。传统的乡村空间只要不离散，就有强烈的提示作用，能形成集体记忆容器，使集体记忆得以继续生长，类似一个连接网络，将生活于空间之中的民众网织进历史的关系中。在现代社会中，大规模的村庄形态改变导致集体记忆的模糊，集体记忆的湮灭往往与空间的破坏有直接的关系。集体记忆是共同体意识的重要媒介之一，空间承载的记忆塑造了地方感和个体与地方的联系，使人们形成强烈的乡土意识和情感，有利于共同体意识的培育和地方文化的保护，是重要的治理资源。

四 乡村公共空间的转型与治理挑战

乡村公共空间自身也是动态演变的，具体有形的空间可能会改变，无形的空间也会消失或通过各个要素建构新的空间。现代社会的高流动性使得乡村社会由一个较为单一的社会逐渐转变为复杂社会，公共空间发生着转型。乡村公共空间的转型表现为空间衰败、空间流动和空间折叠等，为治理带来挑战，乡村社会如何在现代流动性与传统性之间构建起文化治理的一致性，是必须考虑的问题。

当前乡村公共空间转型原因，首先是原有公共空间功能的抽离，村庄生活发生了很大的改变，公共空间的部分作用逐渐淡化，例如，针对对信仰、娱乐活动、公共安全等的需求产生新的替代满足者，但情感交流、信息交换等需求仍然存在。其次是城乡空间的重新界定和分化，异质力量进入乡村原有的空间，造成空间的改变。乡村空间在这个过程中发生急剧的重组，旧的空间不断消失，新的空间不断被生产出来。城镇化的发展致使乡村空间发生大规模改变，城镇化本质上是城乡空间的重构和城乡边界的重新界定，通过人口在空间上的流动和产业形态的改变重新划分了城乡空间，此外，土地流转也导致生业方式和生活方式的变迁。尤其是在邻近城市的乡村地区，城乡时空再造，同时也是社会关系的重新调整和组合。

乡村物理空间的改变是最明显的，村民传统的聚落形态被破坏，大量的居住空间改变，公共空间衰败和消失。原有的村庄聚落是长期演化形成的形态，与地形地势、生产方式、公共生活等紧密相连。近年来，由于"撤村并居""农民上楼"等政策的实施，空间实现了重组，很多城郊村民的居住形态已经与城市无异。空间要素剧烈转变、乡村传统社区不复存在，带来社会交往模式和公共事务处理模式的重新调整。虽然文化与社会的瓦解需要更长的时间，但不可否认的是，由于谋生手段和居住模式的变革，乡村的物理公共空间消失，物理公共空间是公共生活的重要承载者，附着其上的公共生活趋于式微，原有的公共性再生产机制受到挑战。

新的空间不断被生产出来，很多新的空间塑造体现出"行政嵌入"的色彩，例如为了公共文化服务的供给，大量的村庄都修建了文化广场、农村书屋等，这些新空间的建构体现出权力关系，是官方场域，有规训和引导村民公共生活的意图，也表现出对空间意义的重新诠释，国家逻辑居于主导地位。新的公共空间不在集体记忆之内，与原有的神异性、生活性、娱乐性公共空间比较，在乡村场域中蕴含的信息量很小。大部分村民对新的公共空间产生心理上的疏离感，但普遍并不反感，而是持隔膜的观望态度，有的新公共空间也逐渐成为村民公共生活的新平台。从中可以看到，国家规划与乡村社会对公共空间的使用中，并不总是充满冲突和抗争，也会实现新的空间意义诠释和治理架构的调整。

乡村空间改变的一个重要维度是"时空压缩"，这是新马克思主义者哈维基于对全球化发展的观察，得出的重要空间解释范式。继"空间转向"的研究之后，"时空压缩"再一次成为后现代批判理论的热点问题。哈维认为后现代的时间和空间被交通与通信技术深刻改变，但他的关注点仍然落脚于空间的社会关系生产的元叙事。他认为随着空间的压缩，建立于时间和空间之上的社区文化与集体记忆被压缩，形成扁平化的后现代体验。① 在大众媒介时代，乡村公共空间变得更为复杂，大众媒介改变了当地人对世界的认知，他者与自我的关系通过大众媒介改变和重新建构起来，大众媒介还改变了乡村的空间感，城乡之间的界限趋于模糊和重叠，并在代际上形成分层。在传统时代，乡村社会通过一系列仪式形成向内的沟通方式，试图沟通神灵，强化自身的文化及其认同，而现代通信手段形成外向的沟通方式。在网络时代，很多地方形成网络公共空间，在这个空间中村民讨论公共事务，形成一致性的集体行动，这样的空间也成为激发公共意识的场域，这对乡村治理来说是一种新的形态。

第三节　乡村社会的仪式与社区团结

乡村仪式举行的过程，是乡村公共生活的开展和组织动员的过程，同时也是社会资本的积累过程。仪式的展演，使乡村地区成为文化意义上的社区，即通过文化、礼仪和信仰来实现自身秩序的维持。因此，在仪式中形成了社会整合力量，与国家正式治理达成一种平衡并对其做出补充，成为一个重要的社会治理资源。仪式是一个流动的状态，在社会发展过程中，仪式不断改变其形式，反映出其社会功能的调整。在乡村社会发生急剧变化的条件下，"创新仪式"和"发明新传统"成为乡村仪式的新现象。

一　乡村仪式的特征

乡村仪式与民间信仰及节庆密切相关。中国的宗教可分为制度性宗教和弥散性宗教。制度性宗教具有组织化和系统化的特征，有较为完整的教

---

① David Harvey, *The Condition of Postmodernity: An Enquiry into the Origins of Cultural Change* (Oxford: Blackwell, 1989).

义和典籍，而民间信仰是弥散性宗教，具有弥散性特征，或许从制度性宗教中获得某些素材作为信仰的主要元素，例如从道教、佛教等制度性宗教中借用一些基本观念，具有宗教的某些特质。但其与制度性宗教的不同点有两方面。一方面，乡村社会的民间信仰民俗性强于宗教性，并与日常生活混杂，内容和形式比较庞杂，反映出民间社会在思想层面和日常生活层面的基本观念，这些观念未经雕琢，比较朴素，也反映人与人、人与社会的关系。另一方面，各地的民间信仰带有鲜明的地域性特征，与地方文化的特质结合，形成独特的信仰观念和信仰行为，成为代代相传、具有地方特征的民间信仰系统。尤其是那些偏隅于统治地域边缘的乡村地区，由于高山大川的阻隔和多重文化圈的浸润，正统统治秩序往往鞭长莫及，民间仪式中保留的上古风尚和鬼巫传统能够遗存。

乡村社会中，除了与信仰相关的祖先崇拜、神明崇拜、岁时祭祀、符咒法术等之外，还有生命礼仪、强化仪式等看起来与信仰关联不多的仪式，但这些仪式中事实上也充满了民间信仰的观念。强化仪式是在出现群体性生活危机，如发生严重的天灾人祸时需要举行的仪式，这些仪式看起来有非常具体的现实目的，如祈求降雨、消灾等。事实上，从其社会功能来看，举行这类仪式的意义，更多在于通过象征性仪式，达到在社会混乱之时强化社会秩序和加强认同的目的。

二 乡村仪式的文化治理功能

马林诺夫斯基倡导的主位观，带来了从主位看待巫术、神灵信仰和宗教仪式的独特视角，即在被研究者的文化本身的逻辑中来对其进行理解和阐释。根据功能论的观点，宗教、仪式和各类的巫术行为，能满足特定社会中人的需要，有独特的功能，其中包含社区凝聚、强化认同、确立规范、维持秩序等功能，也包含惩戒、欢娱、教育等方面的功能，还包含保存历史记忆、文化传承等意义更为深远的功能。

（一）社区凝聚功能

关于乡村仪式的社会功能，必须明确，人类社会的神灵崇拜，实质上是崇拜人类自己构建的强有力的社会，是孤弱的个体对强大社会的崇拜。

在很多乡村的仪式中，区域和族群的历史与文化贯穿其中。仪式发挥社会功能的方式也是多样的，"在所有的中国村落里，都可能存在两种以上或多或少互相对立的行为模式、制度与信仰，一种是广义性、凝聚性的原则，另一种原则是自我观照的、裂变的，其作用在于强调分立与差异性。汉人社区就像复调音乐一样，其特点取决于何种音调成为主旋律"[①]。也就是说，社区里存在看起来彼此对立、分裂的仪式形式，一方面强调认同，另一方面同时强调差异，这是看起来矛盾的现象。在羌族、彝族等村寨里也存在这个现象，内部出现分裂，某些人被群体指认为异类，这是通过指认一个假想敌人促进内部团结的一种手段。[②] 乡村社区里常常指认某些女性为狐狸精并对其加以妖魔化、傣族社区常常有人被指认为琵琶鬼等都是基于同样的社会功能，在这些社会中人们为了促进社区团结而将牺牲个人作为手段，西方世界的猎女巫等传统也说明了这类仪式在其他类型社会中同样有广泛的社会基础。

（二）社会惩戒功能

乡村仪式也具有维护社会秩序的惩戒功能，实际上是一种社会控制方式。在正式的控制机制，如暴力、强制等发挥作用的同时，内在化的控制也是维护社会秩序的重要途径。乡村仪式中很多通过超自然力量进行惩罚的恐吓、巫术等，起到震慑的作用。日常生活中的流言、耻感和污名等反映着相同的机制。

（三）社会动员功能

乡村的公共事务表现为诸如微观的经济决策、公共工程建设（如修路、修桥等）的组织、村内纠纷与争端、村际纠纷与械斗等。这些公共事务需要乡村内生的力量来处理，集体行动的达成也需要在此基础上实现。乡村仪式的成功举行，不仅仅是一个文化事件，更是全面动员乡村社会资源的过程，也可被看作乡村集体行动的一次操演。长期以来，仪式是乡村公共生活的重要组成部分，由于乡村是熟人社会，对公共事务的处理更多地依靠长期形成的组织，源于共同信仰基础的信任成为重要的社会资本。

① 王铭铭：《社会人类学与中国研究》，广西师范大学出版社，2005。
② 王明珂：《羌在汉藏之间——川西羌族的历史人类学研究》，中华书局，2008。

加上对血缘和地缘关系的利用，这些组织在乡村仪式中有效地形成了动员机制，达成集体的行动，进而对乡村社会常见的公共事务形成了治理能力。在公共生活和集体行动中，一般没有正式的组织形式和明确的契约关系，其开展主要基于内部利益需求的联合，这一点外在表现为以惯例、习俗和某些约定俗成的方式进行规范。反过来，公共生活又导致社会资本的积累，进一步增强了社会动员能力。

（四）个体疏导与自我规训功能

除了群体功能之外，乡村仪式还具有针对个体的功能，起到疏解焦虑和紧张情绪等作用，尤其是个体在进入新的生命阶段时，通过成人礼、婚礼、满月礼等一系列仪式活动，可以在心理上适应社会角色的转换。而丧礼等仪式，有助于缓解死者亲人的痛苦情绪，并实现强化社会伦理和促进亲属交往的目的。除了个体的精神和灵魂慰安外，仪式导致个体自我规训，引导个体自觉服从于仪式表达的社会价值观念，通过赞同一套共有的教义系统并对其加以内化，形成个体的行为规范。仪式具有程式化和理性化特征，仪式中，个体的个别行为会被"理性"的行动所代替，程式化则是指仪式一次一次以固定或不固定的周期举行，不断强化社会的价值观念和自我规训。

三　乡村仪式发挥治理作用的机制

一方面，乡村是社会经济功能的聚合体，这是在实然层面的观察；另一方面，乡村是由观念和仪式表达组成的有统一认同感的共同体，这反映了乡村社会通过虚拟概念来构建起共同的价值观的努力。通过对乡村仪式的分析，从表象、结构和意义角度，可以不断深入认知其在台前展示其符号，在幕后表现其精神结构，并在这些结构中发挥治理作用的内在机制。

（一）乡村仪式中的象征、隐喻及身体、情感的参与性建构，形成了文化的强力凝聚机制

乡村仪式的象征和隐喻非常复杂，第一个层次的结构是仪式持有者意识到并给予自己的文化解释，仪式中充满的各类符号也表达着强烈的象征意义。第二个层次是半潜藏的，仪式持有者践行这类仪式，却很难将这类

仪式中的意义和秩序明确传达给非文化持有者。第三个层次是潜藏的，作为个体的仪式持有者，没有意识到或无法用语言清楚阐明仪式中潜在的意义，但在集体无意识中却已经接受仪式传达的理念，这些仪式表达的意义往往与社区初期的共享经验和信息相关。因此，仪式存在不同架构层次的内涵：一是仪式持有者或当地人的解释，二是仪式脉络中的意义，三是整体社会文化中的意义。仪式要求身体在场，并强化群体性的情感共鸣，仪式现场往往以群体的情感共振湮灭个体的情感存在，很多仪式由于与"巫文化"相关，因而具有神秘性的特征，强化了仪式的力量感。群体性的身体和情感的参与，构成了效果强烈的实践活动，文化在这个过程中形成控制机制。因此，象征性的仪式产生的效果，可以超越社会内部的各种矛盾。[①]

（二）乡村仪式的重复性和程式化特征促成文化惯习的产生，使社会价值内化为个体的行为规范

特纳将仪式看作舞台剧（drama），从某种意义上说，仪式是一种展演或文化戏剧（cultural performance），每一次仪式就是一次重复性的展演。[②]但仪式与戏剧的区别在于，前者不仅仅是重复一个程式或脚本，而且是一种郑重其事的行为，承载了参与者的传统，通过一代代的重复，传承着人类社会恒久神秘的观念、信息和价值，这些仪式中有深层次的社会秩序象征。虽然仪式中也包含着创新的可能，但因循旧例是仪式的基本要求。从社会治理的角度来看，乡村仪式基于重复性、程式化等特征，不断让个体练习，通过对仪式中的社会秩序象征和社会价值观念的重复和强化，形成个体的"惯习"，即固定的心智结构，这种心智结构具有一定的稳定性，将仪式中传达的信息转化为深层的经验处理机制，形成了无意识的思维结构。在不同的场景中，惯习成为个体几乎不假思索处理问题的自动反应机制，事实上，是社会经验和社会价值通过仪式的内化成为个体的行为规范。

---

① 黄应贵：《反景入深林——人类学的观照、理论与实践》，商务印书馆，2010。
② 维克多·特纳：《仪式过程：结构与反结构》，黄剑波、柳博赟译，中国人民大学出版社，2006。

（三）"反结构"强化了仪式的张力，通过阈限的转换实现价值的灌输

乡村仪式一部分与信仰及神圣事物相关，另外一部分源自日常的生活、情感需求，而这两部分难以完全区分。仪式是对日常生活的突破，打破日常生活的无意义节奏，将日常生活转到另一种关联中，是一种制度化的创造特殊时空的手段，使其超越了生活的日常性获得神圣感。仪式参与者进入仪式的过程是神圣化的过程，仪式划分了神圣时间和凡俗时间，区别于日常生活的状态，使其隐含的价值观具有某种内在的强制力。因此，仪式通过突破日常结构，使仪式参与者从旧的文化结构中脱落，通过仪式获得新的身份再进入文化结构，这个过程中发展出针对原有结构的"反结构"特征，产生某种阈限的转换，因而具有更强烈的张力和戏剧感，强力刺激参与者，实现社会价值的灌输。

（四）仪式的群体欢娱，促成社区的和谐和人际关系紧张的缓解

仪式的原初目的与娱乐无关，而是通过仪式和展演实现一定的社会功能。尤其是仪式中的歌唱和舞蹈，其原初目的在于娱神，但逐渐凡俗化，发展出娱神与娱人混合的功能，并形成了传统节庆。例如白族的"绕三灵"仪式，源于挑战自然力、最大化种族再生产的努力，是古代原始生殖巫术和群婚习俗的孑遗与历史见证，其娱神自娱的形式及性爱礼仪，都是一种针对残酷自然力下种族绵延需要的社会秩序的构建。但随着社会发展，其逐渐以欢娱作为主要特色。还有一些乡村仪式呈现欢乐的特征，例如一些农耕社会的新米节和丰年祭等仪式中，丰收的喜悦和仪式的神圣导致群体狂欢的出现，这在一定程度上也促进乡村和谐场景的形成和治理功能的发挥。

四　乡村仪式的再生产与文化治理策略

20 世纪 80 年代中期以来，乡村公共生活似乎趋于瓦解，这一部分是由于农村土地产权制度改革后，乡村社会的经济方式发生了重大的改变，公共资源产权随之碎片化。国家在这个领域的"全能主义"发生转向，关于村庄经济的重要决策从集体决策向个体决策转变。但更为重要的是，随着城镇化的发展，大量乡村人口进入城市，成为推动城市经济发展的劳动

力，尤其是青壮年大量离开乡土。在人口的大规模流动提高农民收入的同时，农民已经逐渐失去与土地根深蒂固的联系，年轻人外出打工，乡村生活中他们处于不在场的状态，不会介入乡村社会秩序的建设，形成了传承的断裂。大量青壮年外出打工，留下儿童、妇女和老人留守，成为乡村社会人口结构新变化的特征，"乡村空巢化"的实质是乡村成人的"缺席"，这又引发了民俗的危机。民俗是象征符号系统的展演，仪式是象征符号的载体和实践，布迪厄称之为"仪式体操"。[①] 乡村社会所有成员在仪式中被组织和动员起来，青壮年人群的缺席，无疑使得仪式的运转无法进行。随着生计方式和生活方式的重大转变，很多村民的生活方式与土地的互动已经断裂，原有的一套与生产、生活节奏相配套的仪式趋于式微。这导致乡村人口对乡村社会的归属感大大降低，集体行动能力下降，乡村公共事业凋敝，表现为公共服务短缺、人居生态环境恶化、基层组织涣散等，形成公共事务治理危机。

在现代化和全球化的背景下，从表面看，乡村仪式似乎是不可避免地式微了，但同时，另一股乡村仪式复苏的潮流暗中涌动。乡村仪式的大规模复兴从进入20世纪80年代之后就开始了，与当时的社会改革相关。较低的效率和高昂的运行成本使原有制度难以为继，在底层农民变革要求的推动下，70年代末，农村土地产权制度改革开始，国家对农村的全面控制大大放松，家庭联产承包责任制替代了人民公社体制，乡村社会的活力得到释放。尤其是农村税费改革和农业税取消之后，国家行政力量赋予乡村基层社会一定的自主权。但同时，国家在乡村社会一定程度的后退产生了一个组织的真空，乡村社会原有的组织资源逐渐开始活跃。乡村仪式的复苏，可能与地方政府的推动相关。[②] 民间传统的复兴也是一个自发的过程，并且与改革之后人们对传统的社区认同、网络及意识形态的需求有关。[③]总之，乡村仪式的复兴，是多种力量互动的结果，是一个复杂的过程，既与

① 皮埃尔·布迪厄：《实践感》，蒋梓骅译，译林出版社，2003。
② Helen Siu, "Rituals: Politics and Popular Culture in Contemporary Rural China," in Perry Link et al., eds., *Unofficial China: Popular Culture and Thought in the People's Republic* (Boulder: Westiview Press, 1989), pp. 121 –137.
③ 王铭铭：《王铭铭自选集》，广西师范大学出版社，2000。

国家权力在基层的变化有关，也与经济发展中乡村社会资本积累的现实需求相关，还与文化产业发展中乡村仪式去污名化的趋势相关。从这个角度来看，乡村仪式的复兴是一个"理性化"的过程。

伴随着传统的复兴，各种类型的仪式不断被举办，这个过程可被认为是乡村仪式的再生产过程。再生产是一种"重写"，而非"复制"，重写不是回到原点或起点，而是一种再创造，有时甚至是对原有事物的颠覆。"重写"的过程是权力展现的过程，是赋予乡村新的意义以使其合乎自己的利益。"仪式的复兴"这个命题中包含着进一步的深意，复兴并非真正意义上的完全复原，而是新的构建。一些仪式的外在形式发生了改变，根据需求不断有旧元素退出和新元素加入，这是一个流变的过程，这个过程反映出深层次的仪式象征和实际功能。仪式基本结构中有不变的部分，但元素构成可以改变，且具有很大的弹性，在不同的场景中，同样的文化事象，其象征意义和解释发生很大的转变。例如，人类学家通过对马达加斯加岛梅里纳人（Merina）割礼意义变迁的研究，可以看到割礼的象征意义依据意识形态的变化，发生着"男子成年—效忠王室—反抗统治者"的转换。[1]

当前乡村仪式的再生产，也是文化治理的契机。首先，从乡土传统与大文化传统的关系来看，借助和倚重乡土传统往往能获得大量的治理资源。国家在乡村仪式中长期扮演着复杂的角色，历史上基于税收的实际需求和社会治理的目的，国家对乡村社会的介入超越了经济领域，通过群众性的训诫、动员等机制进行控制，对仪式产生的符号和意义进行着认可、否定、改造和争夺。在民间仪式中，古代历朝统治者对聚众行为都保持着相当的警惕，甚至乡间聚众祈雨或统称为"迎神赛会"的这类民间仪式，在特定时期都被定义为异端，遭到官方的打压，官方对宗教异端尤其持严厉的态度，在社会存在不稳定隐患时期，统治者往往将因自己的恐惧而产生的意义注入民间聚众仪式中。但国家也会征用民间仪式中的元素作为统治的资源。例如帝制时代，国家力量将龙王、关公等民间形象改编为国家

---

[1]　Maurice Bloch, *From Blessing to Violence: History and Ideology in the Circumcision Ritual of the Merina of Madagascar* (Cambridge: Cambridge University Press, 1986).

权威符号，在很多民间仪式中都可以观察到"国家在场"。武雅士等人类学家通过观察民间崇拜、神祇祭祀等仪式，提出了"帝国的隐喻"观点，认为乡村中的信仰和仪式与王朝秩序有同构的特点，并分析了这些仪式在维系乡村社会秩序方面的重要功能。地方风俗除了地方性知识外，往往具有复制正统秩序的功能，一方面，地方风俗以一种向心方式起源，并将社会－文化的多样性整合进一个国家的结构；另一方面，地方风俗又会以一种离心方式出现，由此也有利于草根社会庆典文化的创造，有利于地方的社会－经济活动。① 敬天祭祖等乡村仪式具有文化延续和教化民众的功效，敬天以仪式化的方式教育民众，使其行为合乎伦常规范；祭祖提倡友爱、孝悌等价值观，其实是源于维护现实社会秩序的需要。从这个角度看，民间自我供给的文化系统是与现实社会结构互为模拟的象征秩序，与主流社会意识形态之间存在功能上的一致性。当前乡村仪式的复兴中，国家力量应该发挥积极的作用，给予乡村社会足够的自我发展空间，促使乡村社会文化治理发挥正向的作用，同时正确引导乡村仪式的基本方向。

其次，可以在乡村仪式复兴中促进社区稳定和经济发展。乡村仪式的复兴提供的社会资本，契合了村民对社会网络的新需求。由乡村仪式网结而成的社会交往，包含了因血缘和地缘关系形成的稳固的社会资本，对应的是宗族等传统的社会关系一定程度上的复苏，这有利于社区的稳定。另外，这些社会关系影响了地方经济模式，与地方经济模式和社会资本模式形成互动。一些经验研究表明，在经济较为发达的沿海地区乡村，乡村仪式的复兴程度更高，也就是说，总体而言，乡村仪式的复兴程度与经济发展水平呈现正相关关系。由于乡村仪式与地方商业传统的关系，这样的社会网络在地方的工商业兴起中扮演着重要角色，乡村仪式的过程中反映出经济理性。此外，仪式还促进经济发展竞争的操演，乡村仪式形成的社会网络中，以经济发展为主流价值观的个体受到鼓励并形成示范效应。因此，乡村仪式要承载的不仅仅是一些基于传统古老观念的生活方式遗存，它不是一种悠久文化的"残余"，而是一种现实的社会需求，并在人们的

---

① 武雅士：《中国社会中的宗教与仪式》，彭泽安、邵铁峰译，江苏人民出版社，2014。

现实生活中还发挥着重要作用。

最后，可以在乡村仪式复兴中促进文化遗产保护和文化产业发展。对乡村民俗和仪式的污名化已经持续多年，"愚昧"、"无知"和"疯狂"是最常见的指责，理性主义与科学主义在世界范围内的大获全胜进一步挤压了乡村民间信仰合法性的存在空间。作为民间信仰的重要载体，很多丰富的仪式逐渐趋于隐匿。在乡村仪式的复兴中，许多濒临消亡的文化事象逐渐复兴，有的被认定为非物质文化遗产得到系统性的保护，有的成为文化产业发展的资源，促进了乡村经济的发展。但是在这个过程中，国家应该发挥引导的作用，避免功利化对真正乡村文化的过度侵蚀。在非物质文化遗产保护和文化产业发展的语境中，一部分乡村仪式获得审美、技艺传承等方面的认可，经过改造，剔除一些难以被文化持有者之外的人了解的文化密码和"迷信"部分，进入国家公共文化体系和市场体系，同时也一定程度上消解了其深层的本土文化内涵。文化事象虽然被重现，但自动过滤了在经济发展中无用甚至不利的因子，也过滤掉了文化旁观者难以理解，或者不愿意花费时间和精力来理解的文化密码，带有某种媚俗于消费社会的特质，例如云南彝族的花鼓舞和四川羊皮鼓舞，在进入非物质文化遗产名录时，消解了其"通灵""历史记忆""娱神"等文化功能，强调其"民族传统舞蹈"的特征，同时实现了场景的置换，从"丧葬"场景的特定仪式转变为文化产业及非物质文化遗产。从这个角度看，乡村仪式不是自主表达，而是受制于社会经济的发展和审美偏好，其复兴并不是由乡村文化持有者来进行的，而是由资本、市场和意识形态组成的力量对利益体系的精心策划，它们借由学术发现、语言重构、经济发展、公共服务等固化这一利益体系，反映出对乡村文化进行控制的意图。国家作为乡村社会治理的重要力量，在这个过程中应该起到纠偏和正向引导的作用。

第四节　乡村社会的互助传统与社会整合

一　高风险小农社会的困境及其风险规避方式

乡村是一个风险很高的社会，农民从事的产业有着天然的脆弱性，农业最根本的特点，在于它是自然再生产和经济再生产交织的过程。农业是必须利用自然力的活动，受到自然力的支配和限制，例如，农业活动的特征包括明显的季节性和地域性、自然影响的不确定性、农业劳动支出的不均衡性、农业土壤及肥力的有限性、农产品的鲜活性等。与工业相比，农业具有周期性和季节性的特点。农业的特性，决定了农业的产出不可控程度高，因此从事农业的风险较大，特别是脆弱的小农，任何风险都会给其带来严重的打击。

当今的市场化不但没有减少乡村社会风险，而且某种程度上还放大了风险，与之前相比，小农传统的生产方式不可避免地卷入社会化体系中，与传统小农相比，当今农户对外部社会的依存度越来越高，小农面临一个更不具有确定性的状况。市场化放大了小农面临的风险，市场化导向的改革使农民直面许多新的风险，除了市场风险外，还产生了就业风险、政策风险等。小农家庭的风险涵盖了生产和生活的各个方面，既包括与生产过程相关的农业风险，也包括生活中的风险，诸如疾病、养老等风险。由于农户既是生产者，又是消费者，面对的风险大于纯消费者和纯生产组织，加上资源的可得性差和小农从事产业的脆弱性，他们受到风险冲击的概率较其他群体更大。

因此，农民的行为带有强烈的风险厌恶的特征，由于社会保障缺失，任何的风险都会给决策者本人及其家庭带来灾难。农民由于抗击不确定性的资源很少，因而对任何改变或者革新都是尝试性地进行，带有谨慎试错的边际改进的特征。农民一般被定义为风险规避者，遵循着"安全第一的拇指规则"（safety first rules of thumb），风险厌恶的产生是有历史和现实根源的，詹姆斯·斯科特认为，"生存伦理"和"安全第一"是农民社会行动的基本原则，正是"在大多数前资本主义的农业社会里，对食物短缺的恐惧，产生了'生存伦理'的原则"。在詹姆斯·斯科特的分析中，农民有着强烈的生存取向，他们宁愿选择回报率较低但是较为稳妥的策略，而不是选择为较高的回报去冒险。[①] 风险厌恶是贫穷的小农的生存需要，他

---

① 詹姆斯·C. 斯科特：《农民的道义经济学：东南亚的反叛与生存》，程立显、刘建等译，译林出版社，2001。

们的经济行为遵循"生存法则",一些表面上看似不合理的行为实质上是出于"灾难避免"的理性考虑。

乡村社会中,农民在进行风险管理时有两个选择。一是依赖于正规风险管理机制,即风险管理的正式制度安排,如政府的救济制度、社会保障和商业保险制度。这个制度安排目前在乡村社会是薄弱甚至缺失的。二是发展出许多非正规风险管理机制来应对,以原有的社会关系网络作为对正式社会保障制度的替代,或称为社会网络内风险统筹。社会网络内风险统筹指的是依靠社会网络内的互惠性来进行风险平滑,包括了社会网络内的无偿援助和无息贷款,这些措施具体化为生活中传统的养儿防老、人情往来、生活共济等模式,在生活环节和生产环节均体现出来,尤其在生产环节更为显著,由于农业生产的特殊性,农民往往需要通过跨时期消费平滑来消解风险,并通过收入的跨时期转移来实现消费平滑。由于较低的储蓄率和正式金融机构的进入障碍,农民的跨时期消费平滑主要是在社会网络内进行的,具体形式可能是村内储金会、谷物银行,也可能是一定范围内农户间的相互借贷、互助小组等。

二　基于文化传统的社会互助组织形式

乡村社会的互助主要是指通过在土地、劳力、资金等要素上的相互调剂,实现单个资源的有效利用。典型的表现方式如乡村中的互助建房、农忙中的协作劳动、资金的互相借贷等。社会网络内合作中,劳动力的合作是重要的一部分,这种情况的存在是传统农业部门中剩余劳动力的沉淀导致劳动边际生产率低下,致使农村劳动力的机会成本趋于一致的结果。[①]在刘易斯的人口流动模型中,存在一个前提条件,即劳动力无限供给。发展中国家一般具有资本稀缺、土地相对有限以及人口增长速度快等特点,在农业中,资本投入不足而劳动力十分丰富,劳动力的边际生产率往往为零甚至为负,这些劳动力为剩余劳动力,刘易斯认为,在这样的情形下,相当一部分农业劳动者所得到的最低限度的收入,不是来自"分配"(dis-

---

① 肖赞军、柳思维:《中国农村非正规劳动合作的演进——基于一个贫困县的经验研究》,《经济学家》2007年第1期。

tribute），而是来自"分享"（share）。在生存成为主要目标时，农村中以传统伦理形式表现出来的互助传统有其经济上的必然性。

关于劳动互助，各地的名称和形式有所不同，但劳动互助的实质是一样的。例如，陕北存在的劳动互助被称为变工，又根据参与人数多寡和形态的复杂程度，细分为小变工和大变工；关中地区的劳动互助被称为搭工、插工或换工。资金互助主要是民间借贷，这主要是指农民私下的资金直接借贷，这种古老的金融活动在乡村比较普遍。私人间借贷是民间借贷的主要形式，其特点是灵活、方便、数额较小而范围较广、总体规模大、单笔借款金额小、期限短、利率相对低或没有利息，私人借贷一般发生在农业生产中需要较多流动资金的环节，或是生活中发生较大变故的时候，借贷对象一般是基于血缘关系的亲戚，或在同一社区生活的熟人，他们在长期的生活和交往中建立起信任关系，形成互助中的风险平滑机制。

一些较早的调查显示这种互助广泛存在，20 世纪 30 年代，费孝通在对江村、禄村等地区的调查中，都发现有互助的现象，包括农业生产中、日常生活中和仪式场合的互助。[①] 杜赞奇的研究表明，同族社会成员间有不少互助，尤其是在祭祖、借贷和土地买卖上表现十分明显，1953 年对粤东、粤北、粤中 14 个乡的调查显示，参与劳动互助的农户多者占到总农户数的 80%，少者达到 50%；1952 年，对长沙县西数乡 562 户农户进行的调查显示，参与劳动互助的农户有 211 户，占农户总数的 37.5%，这个比例在经济条件较差的农户中更高，参与互助的贫农占贫农总户数的 94%。[②]

除了以社会交换形式出现的互助，还有以集体行动形式出现的合作，这些合作通过资源整合达成某一个目的，有时也是对公共产品供给渠道的替代。例如，农村长期存在的青苗会、水利组织等，早年河北邢台地区的水利管理组织"闸会"，就是同一流域灌溉区的不同村落之间的合作形式。[③] 目前，农户间小水利合作依然十分普遍，小水利合作是渠系状况一般或较差

---

① 费孝通：《江村经济——中国农民的生活》，商务印书馆，2001；费孝通、张之毅：《云南三村》，社会科学文献出版社，2006。

② 徐畅：《近代中国农村农业劳动合作述评》，《吉林省教育学院学报》2005 年第 3 期。

③ 杜赞奇：《文化、权力与国家——1900—1942 年的华北农村》，王福明译，江苏人民出版社，1996。

的农户，试图通过农户自组织的小水利进行灌溉，尤其是采取小范围的联户合作行为，靠增加劳动投入、少量资金投入等利用自然水源，来解决从大水利取水不便的问题。

金融上的合作如合会也是一种典型的合作方式，它是一种集储蓄与信贷于一体的十分古老的互助性融资形式，是一种带有互助合作性质的群体间融资形式，在东南沿海地区盛行。这样的合作种类繁多，各地称呼不一，合会是各种金融会的通称。合会是在我国有着较为悠久历史的民间金融形式，是一种基于血缘、地缘关系的带有互动、合作性质的自发性群众融资组织，在国外称为"轮转基金"，在国内包括轮会、标会、摇会等。虽然叫法多种多样，具体做法也五花八门，但本质上都是入会成员之间的有息借贷。合会一般由若干人组成，相互约定每隔一段时间开会一次，每次聚集一定的资金，轮流交给会员中的一人使用，基本上不以营利为目的。这些合会一般以地缘、血缘为纽带，处于地下状态。合会的名目虽多，但遵循的都不外乎一套简单规则：一个自然人作为会首，出于某种目的（比如供孩子结婚或上学、造房子、买生产原料等）组织起有限数量的人员，每人每期（每月、每隔一月、每季、每半年、每年等）拿出约定数额的会钱，每期有一个人能得到集中在一起的全部当期会钱（包括其他成员支付的利息），并分期支付相应的利息。谁在哪一期收到会钱，由抽签或者对利息进行投标等方式来确定。在我国，就规模而言，融资数额较大的合会多分布在经济较为发达的东南沿海地区，尤以浙江、福建为多。

乡村社会的互助传统在宗教领域发展出精巧的实践方式，19世纪后半期到中国传教的明恩溥在其著作《中国乡村生活》中，描述了华北地区宗教团体的协作方式，其为筹集去泰山朝圣的经费，发展出初级的金融形式"山会"，"山会"又根据具体用途分为"行山会"和"坐山会"两种形式，筹集的资金也可用于放贷支持缺乏资金的会员，获取利息收入。宗教团体使用"山会"筹集资金朝圣和支付用于宗教仪式的支出，包括戏剧等方面的费用。在明恩溥的描述中，这些互助形式也有其弊端，但其证明民间合作和互助的传统确实有长久的历史。今天可以观察到，在不同的区域，为朝拜区域性神山，民众发展出各种以举办宗教仪式为目的的互助形式，有的称为"朝山会"或"祭山会"，通过这样的互助形式，发展出乡村社会紧密的联系。

除了互助外，乡村社会形成了社会公益和社会救济的传统，一般来说，社会公益事业以乡村中的权威力量为组织资源，早先主要是依靠宗族力量，在宗族力量逐渐衰落的社会背景下，以农村的其他社会权威组织为主要发起者。村庄提供的公共产品甚至包括社会救济和公共安全，在社会救济方面，一些村庄拥有族产，一般交由族中贫困或鳏寡孤独者耕种，由耕种者负责供应宗祠所需祭品。同时，宗族提供书院、义学和社学等教育产品，在灾荒之年提供义仓。在匪患严重的华北地区，红枪会、天门会等事实上由村庄组织。这个传统的断裂始于清末推行的"新政"，包括进行现代式官僚改革、将地方公共产品纳入国家范围内，如将非正式武装力量正规化并以此巩固县级政权，地方教育也由原来村庄自行提供私塾改为新式教育。

三　互助传统中的文化治理功能

由于权威性的风险控制在乡村社会远未达到成熟的程度，以文化为联结机制的乡村互助传统在某种程度上发挥着文化治理的功能，表现在以下两个方面。

一方面，互助传统根植于乡村社会的信任系统和社会资本的网络联结，基于农民主体性的合作具有行动迅速、反应敏锐、绩效激励力度大等优势，能低成本地发挥社会治理功能。

互助传统是乡村文化重要组成部分，与地方的历史、认同及共享经验相关。它的社会基础在于地方传统的族亲、姻亲、朋友关系，文化基础在于"人情"和感情交换的理念，并且具有强大的时代适应性和转换能力。[①]传统社会网络内合作的媒介不是契约或法律，而是一些初级的社会关系形成的网络。乡村互助通过血缘关系和地缘关系构筑互助圈，基本是以宗族关系或地缘关系为维系纽带，互助和合作范围主要限于亲朋好友和本族，

---

① 王铭铭：《村落视野中的文化与权力：闽台三村五论》，生活·读书·新知三联书店，1997。

在较近的时代，同学、战友等也成为乡村社会的主要社会关系。乡村互助基于内部利益需求的联合，外在表现为以惯例、习俗和某些约定俗成的方式进行规范，一般没有正式的组织形式和明确的契约关系，但互助参与方围绕长期形成的惯例有高度的默契，而且由于长期生活在同一社区，重复博弈对村民形成强大的约束力，同一社区内其他村民也起到监督和评判的作用。中国乡村社会基本上是一个静态社会，本族人的行为容易观测，而且由此形成的信誉机制对农民在本社区的行为有极大的约束规范作用，在难以抑制合作人的机会主义动机的情况下，小范围的互助与合作是乡村社会的理性策略。双方权利义务关系的维系，主要是基于惯例、习俗等，而且这样的约束方式在相对固定的人群和社区内确实有效。在互助的传统中，双方也默认其帮助与回报并不是在一个时点上完成的，回报常常是延迟的，并且回报的方式也会发生变化，往往是一方在另外一时点上提供某种资源，作为对另一方的回报。

另一方面，在权威的制度供给未能全面为乡村社会提供保障的前提下，以文化作为主要约束手段的互惠机制，能一定程度上稳定社会秩序，提高乡村社会抗风险能力。

乡村社会的互助和合作组织松散，规模较小，有很强的灵活性，容易产生也容易消散，往往存在季节性和临时性的特点，合作主要发生在农忙时期和合作建房等特殊时期，或生活遇到重大危机的时候。在政府不能全面为乡村社会提供制度性和系统性保障的情况下，乡村的互惠机制仍然有重要的作用。相对于正规的风险管理机制，非正规风险管理机制的优越性在于能有效地抑制逆向选择和道德风险。乡村社会网络以血缘、地缘为纽带，成员流动性弱，内部信息流通较为充分，在一个重复博弈的时间框架内，成员的机会主义动机会大大减弱。因此，在刚性制度安排之下，村民可资利用的社会资源少，非正规风险管理机制有其合理性，直到现在，乡村传统社会延续下来的社会网络内风险管理机制仍然发挥着积极的作用。

农民所控制的经济资源和社会资源十分有限，合作关系主要靠初级的社会规范来维系，具有极大的不稳定性，合作的广度和深度都不可能提高。非正规风险管理机制在经济转型期受到严峻的挑战，用于社会保障的养儿防老模式由于人口生育政策的限制，风险平滑能力大大下降；生活共济及人情往来由于货币化的影响及农户的分化，越来越成为一种生活负担；生产策略选择中的多元化经营和保守生产策略必然要以低回报率为代价，而且影响了专业化的发展和农业生产技术的改进。从长期效用来看，由于非正规风险管理机制作用的局限性，农民不得不放弃未来的福利来应对眼前的风险，例如推迟对疾病的治疗、降低食品消费的数量和质量、放弃对子女教育的投资等，一部分农户甚至变卖用于再生产的资产。这些消除眼前风险的策略导致了未来福利的贴现，形成了未来的潜在风险和贫困的代际传递，一部分村民逐渐被排挤出主流经济生活，出现边缘化倾向，更加难以摆脱风险的恶性循环。在联合型风险中，村民基于社会网络的互惠合作行为往往失效，联合型风险指的是在较大范围内发生、波及整个社区的风险，如较为严重的自然灾害，农民既有的网络资源不足以消除风险带来的影响。因此，乡村社会的互助传统虽然在一定程度上还起到文化治理的作用，但其互助层次和规模已经无法应对现代社会带来的新风险，在充分发挥地方互助传统作用的同时，国家必须发展出完整的乡村社会保障系统。政府由于拥有较为充足的政治经济资源，在最大限度风险分散中具有优势，因此，应该充分利用各方的资源，合理划分各方界限，以政府的制度资源为依托，充分利用多层次的乡村互助传统，达到消解和分散风险的目的。

第四章　乡村社会文化治理的外部冲击

乡村各个制度都不是孤立存在的，而是难以切割、紧密相连的一个整体。分析文化治理，不能不分析相关的制度领域，尤其是对乡村治理构成最大外部冲击的市场化和社会流动。在乡村社会转型发展中，农民越来越多地被卷入市场经济发展中，同时在城市化进程中，大规模人口流动持续进行。市场化和人口流动，使农民在经济观念和行为以及交往模式上相应发生重要变化，成为影响乡村社会文化治理的两个重要因素。本书试图将这两大要素的分析构建于较为静态的村庄分析之上，分析其给村庄的经济模式、利益分配和价值认同等方面带来的改变，以及这些变化如何影响了乡村社会文化治理的可能走向和模式。市场化和人口流动这两个变量的进入，是对当前乡村研究方法缺陷的回应，可以修补原有分析框架的不足。[①]既有的乡村治理研究或关注政府层面的公共决策，或关注民间社会的传统力量，在研究视角下沉和上移的纵向移动之外，市场介入不但开辟了横向移动的研究视域，而且相关结论在经验层面得到了丰富的验证。

第一节　市场化与文化治理

"市场化"作为对中国乡村发展进程的描述，可以反映当前乡村社会变迁的一个重要原因。对乡村社会治理的充分阐述必须依靠对乡村经济关系的深入理解，这要求了解市场分布及交易行为方式的基本变化、作为空间和经济体系的市场与作为社会和文化体系的市场如何形成了观念形态，

---

① 孙敬良、陈明：《中国农村研究的主体回归与方法论创新——基于当前中国农村治理研究的反思》，《中国农业大学学报》（社会科学版）2015年第5期。

以及这些形态对治理产生的影响。市场经济和实体市场并不完全是同一概念，市场经济是一系列意识的总称，也是一种道德观、思维方式，这种思想体系主宰了社会的形态。中国古代传统的经济观可被概括为"盐铁论"，其实际上是以平衡人际关系为目的的，涉及的是再分配的问题，而不是简单的财富积聚的问题。[①] 摩尔根在 1877 年写成的《古代社会》，也是以经济的分析为聚焦中心而展开的对财富和政治关系的分析。[②] 因此，市场化改变的不仅是乡村的经济体系，还有哲学体系和生活方式，这是文化治理研究关注的范畴。

一　开放性与动态性：市场研究范式的逻辑

前现代的乡村社会并非一个没有市场的社会，但传统乡村市场与现代资本主义的市场并非同一概念，前者的特征是根据乡村既有惯例交换物品。乡村市场的形态也非常多样，在初民社会，已经存在"沉默交易"的市场模式；在农业社会，除了定期市场外，还存在大量因仪式庆典而起的不定期集市。乡村的生活中，一般大规模仪式庆典后，交易集市都会出现，集市利用节日带来的有利条件进行交换。但严格来说，乡村并不是一个市场经济的社会，只能称为一个有市场的社会，因交换形成的集市是农业集市，不是资本主义市场。前现代市场与现代市场的内部运行机制和逻辑不完全一样，甚至是相互冲突的，这解释了随着资本主义市场兴起，传统乡村集市走向衰落的原因。

由"前资本主义体系"到自由市场社会体系的变化，改变的不仅仅是经济体系，还有整个社会的运行方式。它带来了企业与家庭的分离、自由市场用于追求财富的理性技术、可以计算预测的法律、可供买卖的自由劳动力，以及经济生活的完全商业化。如果真有什么东西支撑起了现代社会，它不是亲属关系，很大程度上也不是宗教和政治，而是市场。[③] 自从

---

① 王铭铭：《人类学是什么》，北京大学出版社，2002。
② 摩尔根：《古代社会》，杨东莼等译，商务印书馆，1971。
③ 马克斯·韦伯著，约翰内斯·温克尔曼整理《经济与社会》（上卷），林荣远译，商务印书馆，1997。

全球资本主义经济体系建立以来，乡村受到市场力量的持续冲击成为世界性的问题，在中国，这个冲击自 20 世纪二三十年代开始，80 年代以来，随着国内经济体制的改革和发展，乡村受到冲击的力度加大。

市场化是当前乡村社会发生重要变化的原因，但通过市场来研究中国乡村社会有更早的学术源流。美国斯坦福大学人类学教授施坚雅 20 世纪六七十年代关于中国市场的研究成果引起了广泛的注意，他吸收了德国地理学家瓦尔特·克里斯塔勒（Walter Christaller）的中心地学说和美国社会学家罗兹曼（Glbert Rozman）的城市空间网络学说，通过对四川平原的实证研究，构建了宏观区域理论和集市体系理论，并推导出"核心 – 边缘理论"、"等级 – 规模理论"和"区域发展周期理论"，形成一个相对完整的理论体系，被称为"施坚雅范式"或"市场研究范式"。其理论集中体现在 1977 年出版的《中华帝国晚期的城市》（*The City in Late Imperial China*）和 1964 年发表的《中国乡村的集市和社会结构》（Marketing and Social Structure in Rural China），以及之后发表的《中国历史的结构》（The Structures of Chinese History）、《19 世纪四川的人口——从未加核准的数据中得出的教训》（Sichuan's Population in the Nineteenth Century：Lessons from Disaggregated Data）等著作与文章中。孔飞力等都承认受到施坚雅的启发，孔飞力以湖南临湘团练为个案研究晚清地方武装兴起，采用了施坚雅的集市分析方法，发现地方武装与集市相关联；[①] 王铭铭意识到，中国的集市不是简单的市场，而是库拉圈、互惠场所、夸富宴的举行地、分配的网结、社会的竞技场和文化展示的舞台；[②] 布罗代尔将集市和由集市组织起来的村庄群作为研究中国文明的基础，不把研究重心建立于单一和独立的村庄之上。[③]

以村庄为单元的研究注重乡村的内聚性、封闭性和紧密性，市场范式研究则将农民的生活边界外推至以市场为中心的区域，偏重乡村社会结构

---

① 孔飞力：《中华帝国晚期的叛乱及其敌人》，谢亮生等译，中国社会科学出版社，1990。
② 王铭铭：《社会人类学与中国研究》，广西师范大学出版社，2005。
③ 费尔南·布罗代尔：《十五至十八世纪的物质文明、经济和资本主义》（第一卷），顾良、施康强译，生活·读书·新知三联书店，1993。

的动态性和开放性面向。但市场范式的研究主要还是基于前现代市场关系，当今大规模现代市场关系向乡村社会的渗入，使得这个研究范式存在解释力不足的问题，但其将注意力集中于社会网络的分析，具有启发意义。通过市场研究乡村社会，是从社会关系联结来分析乡村的社会结构，其不是将分析单元囿于村庄，而是将村庄和农民嵌于基层市场中。今天，乡村与市场的联结方式更为直接和多元，市场力量对乡村社会的塑造也更为明显，因此，通过市场，村庄与国家、农民与社会、微观与宏观实现了联结。乡村市场的研究，在村庄之上累叠了市场的概念，村庄的相对独立性和静态性特征与市场的开放性、动态性特征形成复杂的关系。

二 现代市场关系对传统乡村社会的消解与建构

现代市场关系对乡村社会的影响是渐进的，从 20 世纪二三十年代开始，就能观察到世界性的、普遍的经济关系对乡村的渗入，在有的区域，小农经济的形态依然是最主要的经济形态，而在有的区域，乡村社会边缘性地卷入全球资本主义生产体系。大规模的乡村社会经济改变是近三四十年来发生的，尤其是 70 年代末农地产权改革开始以后，乡村经济活力被激发，出现了爆发式的经济增长，但在不同的阶段，也不同程度地出现政府失灵、市场失灵和社会失灵三重失灵状态。[①]

当下，在市场化进程中，最直观的现象是农民与土地的黏着关系发生了很大的改变，土地不再是生计的唯一或主要来源，乡村土地作为重要资源被纳入社会总体的经济关系中，导致了乡村社会文化治理系统的紊乱。原有的治理结构是基于农耕生产方式出现的，经历多年的发展，不断纠错，能够提供初级公共产品，成为一个有效的治理系统，但随着市场化进程推进和生产方式改变，由农业生产连接起来的共同体与以资本为逻辑的现代市场的内在运行方式相矛盾，乡村社会自然的文化调节机制对环境的应对方式随之发生变化。

市场化对乡村社会的冲击可分为不同的面向。一方面，现代市场对乡

---

① 王亚华、高瑞、孟庆国：《中国农村公共事务治理的危机与响应》，《清华大学学报》（哲学社会科学版）2016 年第 2 期。

村形成消解甚至摧毁性的力量，导致乡村传统的崩塌。现代资本主义与乡村之间有天然的不相容性，马克思研究了资本主义主导的市场经济如何瓦解乡村共同体的非经济关系，其正如《共产党宣言》中的表述："资产阶级在它已经取得了统治的地方把一切封建的、宗法的和田园诗般的关系都破坏了。它无情地斩断了把人们束缚于天然尊长的形形色色的封建羁绊，它使人和人之间除了赤裸裸的利害关系，除了冷酷无情的'现金交易'，就再也没有任何别的联系了。"[1] 马克思的著作中关于资本主义的论述，对于理解现代世界十分重要，因为资本主义是塑造现代社会的重要力量，它无所不在，被认为是一种具有比此前的任何一类生产秩序都远为巨大的动态扩张趋势的经济企业模式。[2] 20 世纪 70 年代末开始的农村社会改革，将农民从集体经济中独立出来，以个体和家庭作为生产单位，导致对个体和家庭的激励效应增强，而集体和社区激励减弱，同时也让农民突然以个体和家庭为单位来直面市场，乡村社会既产生很大的活力，也陡增风险。近几十年来中国经济加速发展，经济力量对乡村社会造成了极大的影响，如资本排挤劳动、共同体一定程度的瓦解、乡村社会凋敝、公共事业零落、环境恶化等，大量的事实指向了传统乡村社会秩序在此进程中遭受到的冲击。

但另一方面，现代市场对乡村社会的建构作用也非常显著。马克斯·韦伯、波兰尼和鲍曼等学者的论述都指向同一个结论：资本主义市场力量的根本在于追求营利，要求经济从社会中脱嵌，在乡村中加速土地和劳动力剥离，农民从村庄共同体中分割出来，成为自由劳动力，土地和农民都成为资本主义发展的要素。这个结论的有效性在中国依然展现出来，乡村的土地和劳动力，在现代市场关系中成为基础性的资源得到重新配置，一部分乡村地区在这个过程中获得经济机会和经济利益，村民收入大幅增加，村庄面貌焕新。

市场化对传统乡村的消解和建构都是明显的，并无疑在村庄发展中产

---

① 《马克思恩格斯选集》（第 1 卷），人民出版社，2012。
② 安东尼·吉登斯：《民族－国家与暴力》，胡宗泽、赵力涛译，生活·读书·新知三联书店，1998。

生着重要的作用，但市场化发生作用的内在机制，导致乡村社会发展出现不均衡和非同质特征。尤其是在市场化过程中，乡村的文化结构改变，如乡村权威的瓦解与重新形成，反映出市场化过程中村庄内生权威和秩序新的生成与运行逻辑。另外，市场经济有其内在的伦理性，市场经济对人们行为的规范和约束、对社会资源的合理利用，都反映出资本良性运转的一面，其在参与乡村社会建设中发挥着重要的作用，应在国家、村庄和市场的框架中，审慎评判市场在文化和社会结构中的作用。①

三 文化治理对市场化冲击的回应

市场化对不同村庄的作用是非均质的，形成了不均衡性和差异性特征。对这个现象的解释如下。村庄是否能从外部获取市场化的红利和资源，取决于很多条件，例如区域发展水平、政策制度和产业特征等；在具备合适条件的前提下，文化则成为资源是否能转化为村庄发展动力的关键性解释因素。面对市场化的冲击，乡村社会的文化回应，即文化应对市场化的机制，解释了村庄发展的不均衡性和差异性，可以说是文化治理对市场化冲击的回应。

首先，本书基于一以贯之的逻辑，确立研究前提一：市场化是当前乡村社会的重要部分，但并非独立于乡村社会结构之外形成统驭力量，或凌驾于其他因素之上。市场发挥作用的机制是在与乡村社会其他文化结构的互嵌中产生的。市场只是社会制度中的一种经济组织方式而已，并且受到社会的规制。② 新经济社会学提出"嵌入性"（embeddedness）的概念，认为市场经济活动嵌入和普遍浸没在社会关系与社会文化结构中，这些社会关系包括宗教和政治等。本书把市场放入宏观的社会结构之中，而不是将其作为独立于社会结构的要素进行分析。其次，确立研究前提二：乡村文化具有相当的韧性和弹性，面对新的变化，有效的调适会在原有结构内发

---

① 毛丹：《村庄的大转型》，《浙江社会科学》2008 年第 10 期；邓大才：《中国乡村治理研究的传统及新的尝试》，《学习与探索》2012 年第 1 期。
② 卡尔·波兰尼：《大转型：我们时代的政治与经济起源》，冯钢、刘阳译，浙江人民出版社，2010。

生，能发挥调节机制作用并纳容新的要素，在文化框架内实现治理的可能性。

文化治理对市场化冲击的回应表现在以下两个方面。

（一）文化发挥资源配置功能，一些传统村庄共同体转型为市场共同体

文化是在资源配置基础上产生的，可以视为资源配置的手段，传统的文化根植于农耕经济，通过文化组织起乡村社会，以宗族血亲等作为组织化手段，建立符合农耕生产方式的礼仪和伦理秩序。传统的经济活动黏着在土地上，围绕着土地制度，衍生形成了相应的分配制度和其他一整套相关制度以及更为抽象的文化形态。中国乡村文化的根源可追溯到土地资源的利用和土地制度，时至今日，以土地变革来分析乡村社会文化变动，仍然能提供最有说服力的解释。传统的乡村社会在土地利用的调适过程中酝酿出一套自给的意义系统和价值体系，建构起层层叠叠、相互套嵌的文化结构，形成了一个超稳定的社会，"乡土中国"的判断，从经济根源上说明了土地资源利用和血缘家族的结合维持乡村社会的平衡，长期以来乡村社会保持着稳定状态，如果没有外力的介入，这种稳定的状态会一直持续下去。当然，随着制度和技术的演进，乡村社会也发生着演变，但是，只要以土地为中心的生产生活方式没有发生改变，乡村社会的演变就十分缓慢，反之，以土地为中心的变革必然会导致社会经济结构的变动，进而改变乡村文化和社会意识。[①]

在市场化发展过程中，乡村文化的资源配置功能依然一定程度上有效。在经验层面，利用原有的社会资本，一些传统的村庄共同体转型为市场共同体。[②] 这些共同体并没有创立全新的组织结构以应对市场化带来的环境变化，而是利用原有的亲属关系网络和社会组织形式，通过初级社会关系建立连接和信任关系；人际交往关系依然是基础资源，通过发挥传统的社会交往、义利观念、文化认同的价值，成为推动市场共同体形成的重

---

① 李佳：《乡土社会变局与乡村文化再生产》，《中国农村观察》2012 年第 4 期。
② 郭占锋等：《村庄市场共同体的形成与农村社区治理转型——基于陕西袁家村的考察》，《中国农村观察》2021 年第 1 期。

要力量。但在框架内，共同体也进行调整以适应新的市场化环境，如业缘关系的重要程度提升、血缘与地缘关系的灵活处置等。由于市场化是外生力量，在相关的现代制度不可及的情况下，利用原有的组织和文化结构，进行内源式发展，是乡村的重要策略。因此，传统组织（如宗族）与现代制度（如市场化）之间具有一定的互补或互替性。[1]

（二）在现代市场关系中，乡村的文化资源与经济、社会资源互相转化，出现新的文化经济形态

现代市场关系冲击下，一些区域出现了逆城市化的产业发展端倪，城乡之间经济发展要素由单向流动变为双向流动。随着现代媒介传播方式和技术手段的介入以及文化观念和消费风潮的改变，乡村逐渐成为新一轮文化经济发展的目标地。尤其是在消费社会的语境中，乡村的价值被重新"发现"，推进了乡村文化资源产业化的进程。乡村新的经济形态的兴起和发展，并非乡村经济自身发展演化的自然结果，而是呈现与某种"大众的趣味"（taste of the masses）以及经济力量的密切关系，这种趣味是全球化、消费社会及技术进步的杂糅产物。目前出现的乡村人口回流和一批城市创意产业进入乡村的现象，带来大量的资本和经济发展机会，以乡村文化为资源的产业获得活力，许多创意从业者将乡村看作新的经济发展场域。

新的文化经济形态不但扭转了乡村社会的凋敝状态，而且对乡村治理产生了有益的影响。在一些文化资源富集而其他资源匮乏的地区，地方经济发展的目标是通过发掘具有特质的文化资源，获得突破经济发展停滞陷阱的机会。以文化为资源的经济发展反过来强化了文化认同，村民们通过"他者"的眼光发现了司空见惯的传统文化的价值，并在旅游业和文化产业发展中拓展了生计方式，激活了一些逐渐消失的文化因子，强化了文化认同，有利于文化传承。新的文化经济形态的发展，激发了乡村社区的活力，在一些乡村地区，公共生活式微，而在新的文化经济形态发展中，公共生活重新活跃，自组织成长起来，并有效地处理村庄公共事务。正如格

① 郭云南、姚洋：《宗族网络与农村劳动力流动》，《管理世界》2013年第3期。

尔茨（Clifford Geertz）在尼加拉社会观察到的那样，这些根植于乡村文化和社会结构的自组织，在公共事务中产生了拼合式秩序，就像锁子甲一样，其中多个相互重叠、彼此锁定而又界限分明的团体组合起来，最终形成不可割裂的连续体，这个秩序正是各种涉及广泛领域的治理职能所依赖的秩序。①

　　综上所述，从文化治理对市场化冲击回应的两个方面来看，在市场化的冲击下，一些村庄走向凋敝，而一些村庄在市场化中获得良好的发展。村庄的分化，外部条件上取决于是否能获取经济资源和经济机会，内部条件上取决于文化结构是否能实现顺利转型。基于传统文化的文化治理依然继续发挥作用，但村庄的文化结构是否能与市场经济顺利互嵌并实现转型，有很大的不确定性。在乡村社会的重大变局中，只依靠村庄自身的力量是不够的，很大一部分村庄难以挣脱出均衡陷阱，在市场化的大潮中被抛弃并一步步走向衰落。20 世纪二三十年代，西方入侵导致乡村社会卷入资本主义体系后，由知识分子群体发起的乡村建设运动就注意到了乡村传统经济受到冲击、乡村社会破产、公共事业凋敝的社会现实。燕京大学社会学系发起的清河调查揭示，中国乡村社会单靠自身传统组织演进已经走入死局，乡村社会需要找到新的调节性组织方式。在考虑乡村社会的治理时，不应仅关注治理本身，而应将经济方式、城乡关系、社会资本分配等统合起来考虑，依据乡村的自然社会条件，调整其与土地、市场、资本、政府等外部环境之间的关系，通过渐进改良激活乡村自生力并实现城乡间公平分配。② 今天在市场化加剧的社会条件下，乡村自身的文化传统仍然是重要的发展条件，但需要其他制度的共同建设，在乡村自身无法顺利转型的情况下，国家作为"看得见的手"的重要作用应充分发挥，以重塑国家与乡村之间的关系，调整市场风险分布，为乡村社会的发展提供制度保障。

---

① 克利福德·格尔兹：《尼加拉：十九世纪巴厘剧场国家》，赵丙祥译，上海人民出版社，1999。
② 侯俊丹：《市场、乡镇与区域：早期燕京学派的现代中国想象——反思清河调查与清河试验（1928 - 1937）》，《社会学研究》2018 年第 3 期。

第二节　人口流动与文化治理

土地产权关系、人口流动、人地关系变化都与乡村治理息息相关。从遵循安土重迁的传统到乡村劳动力出现大规模转移和流动的变化，带来了乡村人口模式和行为模式转型及相应的治理策略的转变。研究乡村治理，在乡村社会的封闭性已经改变的前提下，一方面要研究开放和流动现实中的乡村社区如何治理，另一方面要研究进入城市的流动人口如何治理。除了研究国家的刚性制度和政策，更要进行文化的研究，在社会治理策略中要考虑流入城市人口与原乡的文化联系以及他们在城市的社会融入问题。

一　传统乡村人口模式与文化调适

传统的农业社会具有资本非常稀缺、土地相对有限等特点，清代前期以来，人口快速增长，但农业部门的外延性受到限制，劳动力跨界转移几乎不可能，资本投入不足而劳动力十分丰富。由于没有疏解过量劳动力的有效途径，发生农业内卷化，即通过无限投入劳动力提高产量，不断增长的人口只能在有限的土地上劳作，耕作趋向精细化和复杂化，力图在农业内部自我消化新增人口，而这一部分新增的产量被不断增加的人口吞噬。现代经济学的贫困陷阱理论可以解释这种现象，即经济体面对恶性的贫困陷阱，人均产出增长被人口增加抵消，人均收入水平被人口增长摊薄，生活水平维持在生存状态。农业剩余也被增加的人口吞噬，没有积累足够的财富去发展，农业劳动力的边际生产率降低到零，甚至成为负数。苏联经济学家恰亚诺夫的自我剥削理论也建立在对这种现象的观察之上，他认为，农民倾向于过多地向土地投入劳动时间，以至于他的所得低于他所付出的成本，在这个意义上，他们在剥削自己的劳动。自我剥削的扭曲行为，并非源于农民的非理性，而是由于土地市场和劳动力市场存在制度缺陷，在双重制度缺陷下，劳动力无法流动，土地的资源配置效率很低。

农业内卷化的一个解决方案，是通过技术进步产生打破均衡陷阱的"临界最小努力"。有的国家，例如英国，由于工业革命在技术上的突破和随后的制度突破，打破均衡状态，成为经济强国。中国内生出了一些技术改进，例如在农业中精耕细作、提高农业产量，但这种改进不足以打破均衡，因而形成"高水平均衡陷阱"。

中国农村社会长期以来的基本给定条件是人口过剩，农业生产长期陷于内卷化的困境，即"李嘉图定律"描述的单位劳动与资本投入的边际报酬递减现象。自清末以来，人口压力成为经济结构和社会结构变迁的直接动因。在农业社会，人口压力表现在人口与土地之间比例关系的动态演变，社会结构、国家与地方关系中的博弈，以及生育行为、民风民俗等围绕着人地比例的动态演变发生的型构中。技术手段无法解决矛盾时，需要通过调整资源占有状况来达成新的平衡，周期性的社会动荡使既有社会矛盾爆发而释放人口压力，经过动荡、各方博弈，重新形成动态平衡，同时开始下一轮社会动荡的酝酿。中华人民共和国成立以后的社会化运动与人口压力相关，人口压力是推动集体化的动力之一。"上山下乡"政策在某种意义上也是城市人口压力向乡村疏解的手段，城市的生产力不足以承载过剩人口，因此通过在乡村土地上投入大量劳动力提高总产量，但实际上边际生产率是下降的。

既然人口压力造成了极大的社会问题，农村社会为什么没有形成控制人口增长的社会机制，反而发展出"多子多福"的社会伦理观，并因此依据生育行为格定了妇女在社会系统中的地位？费孝通从农业技术的角度进行了解释，他认为在以体力来耕种的技术条件下，在农忙的季节即使动员全村的劳力还是不够，要满足对农作劳力的需要，农村不能不养着大量的人口。而在以蒸汽、电气等为动力，以机械工具使用为特征的经济结构中，社会所需人口的数目减少。[①] 按照费孝通先生的观点，一定的人口储备是保障农业经济安全的蓄水池，因而人口容量的存在在社会结构中是具有一定合理性的，人的理性和社会理性发挥着机制，控制着人口维持一定规模。当然，社会机制的调节作用并非总是温和的，一个极端的自然调节手段是饥荒，通过饥饿和死亡消除社会容量以外的人口，重新恢复平衡。

---

① 费孝通：《生育制度》，商务印书馆，2008。

人为的干预也是调节的手段，如在婚姻市场提高婚姻的价格，致使部分经济情况不佳的农民成为婚姻市场中的失败者，导致其作为生物个体的繁殖行为的终结。另外传统的"溺婴"行为也是调整人口的手段之一，这种手段尤其对女婴的生存不利。当人类得以进行性别选择时，男婴因为在农业社会中的体力优势而得到更大的存活机会，男性的存活优势通过性别尊卑的排序实现，通过建立亲属之间的亲疏制度和养老制度进一步固化。

二 "后人口流动"时代的特征及对治理的倒逼

20世纪70年代末农村社会改革前，乡村积蓄很久的能量需要通过某种制度变迁来释放，因此，乡村社会内生出强烈的制度改革需求。政府顺应社会发展需要实行家庭联产承包责任制，极大地激励了生产力的发展，但几年后，随着制度的边际效用递减，由家庭联产承包责任制建立引发的乡村发展潜力能量释放减弱，农民开始积极寻求新的收入增长方式。政府继续向前推动改革，放宽了人口流动的限制，人口流动的禁锢放开后，形成进入80年代以后的"民工潮"。农民纷纷离开家园，寻找非农就业机会，劳动力大规模转移和跨区域流动，由边际生产率低的乡村地区向边际生产率高的城市地区转移。数据显示，1978~2008年农村非农化劳动力的年平均增长率达到8.71%，相比较来说，劳动力就业的非农化转移速度要远远快于中国同期城镇化的发展速度。2008年，就总规模来说，拥有农村户籍然而在城镇非农就业的劳动者规模超过了2.3亿人，而且仍然处于以每年上千万人的速度递增的状态。[①] 根据国家统计局的数据，到2013年，外出农民工已经达到1.66亿人，占城镇就业人员总量的43%。国家制定了发展目标，《国家新型城镇化规划（2014—2020年）》提出，到2020年要实现"常住人口城镇化率达到60%左右，户籍人口城镇化率达到45%左右，户籍人口城镇化率与常住人口城镇化率差距缩小2个百分点左右，努力实现1亿左右农业转移人口和其他常住人口在城镇落户"。人力资源作为推动发展的要素，在城乡之间流动，体现出乡村与城市互为生产要素

---

① 童玉芬：《中国农村劳动力非农化转移规模估算及其变动过程分析》，《人口研究》2010年第5期。

流动的容器。

近年来的人口流动出现新的特征，国家卫生健康委发布的《中国流动人口发展报告2018》中的流动人口动态监测调查数据显示，2017年，我国流动人口为2.44亿人，虽然与之前的数据相比，总量由此前的持续上升转为略有下降，但规模依然很大。劳动力在地区间涌流，带动技术、资本和文化等要素相互作用并产生巨大动能，这个状态还将持续。大规模人口流动的现象已经持续30多年，作为时间段足够长和涉及人口总量足够大的社会现象，其复杂性和动态性特征已经得以展现，我国已经进入"后人口流动"时代。进入"后人口流动"时代是指与人口大规模流动初期比较，近年来人口流动的规模、流向、动机等已经发生了结构性的改变，除了与区域的经济成长和产业结构之间持续发生着复杂的互动外，更重要的是，经过长时间的发展，之前大规模人口流动对流入地社会结构、文化结构潜在的冲击和影响作用越来越多地显现出来，并对下一阶段的社会调整和政策重心变化形成倒逼。

三 大规模人口流动对流出地治理的影响

大规模人口流动对治理的影响，在两个方面体现出来：一方面是对流出地乡村的治理的影响，这个影响是直接而明显的，人口流动不但对微观的家庭产生了很大的影响，而且也为乡村社会带来了不容忽视的改变，对原有的治理提出了挑战，促使乡村治理产生新方式；另一方面是对流入地城市的治理的影响，虽然这个影响看起来与乡村治理无关，而与城市的治理政策关系更密切，但事实上，由于流动的农民工不断在城乡之间折返，并未切断与乡村的关系，而且文化作为一个重要的因素，对于这部分流动人口在城市的行为产生了极大的影响，研究乡村文化对流动人口行为特征的作用，才能产生与之相适应的策略。从流动人口的文化认同和文化归属感来看，普遍来说，他们依然认为自己归属于乡村而非城市群体，即使是新生代流动人口，对城市的认同感和归属感依然不强，乡村文化对他们有着根深蒂固的潜在影响力。

人口流动对乡村社会造成的影响，尤其是文化上的影响，近年来越来越凸显。在社会变迁中，相对于以显化形式存在的物质变化和制度变化，文化的改变往往是相对滞后的。在文化滞后理论中，不同文化的变迁速率是不同的，物质文化的变迁速率高于非物质文化，这就是"文化滞后"或"文化堕距"产生的原因。即使是非物质文化，其变迁速率也有差异，尤其是价值观念的变化更为滞后，但对社会的影响也更深远。

由于经济和文化有不同的变迁速率，乡土社会变局对文化所有的作用和影响，在乡村人口大规模流动发生30年之后方才渐渐显现。之前人们主要从社会和地理隔绝的角度来观察乡村人口流动对文化的破坏作用，对乡村文化的保存和发展持悲观的态度，但是另外一些分析突破了原有的刻板印象，认为人口流动在某种程度上不但没有削弱反而强化了乡村文化。

学界普遍认为，大规模人口流动造成了社会结构从"乡土"向"离土"转变，"离土中国"的乡土社会变局现象后面，是更深层次的生产方式变革和经济社会变化。人们关注到了人口流动造成乡村社会凋敝、村庄空巢、土地抛荒闲置等屡见不鲜的现象。在经济方面，乡村经济边缘化，乡村社会的经济形式表现为充当城市的补充或附庸，为城市提供廉价的劳动力和农产品。经济边缘化也决定了乡村文化的边缘化，乡村社会的文化内涵在以发展为中心的现代化框架中被遮蔽和隐匿。

大规模人口流动对乡村治理造成直接冲击，从行政管理的角度看，人与户籍的分离，造成对流动人口直接管理的困难，衍生出流动人口的疾病管理、教育管理等一系列问题。在乡村社会中，青壮年人口的离开造成村庄空心化、公共事业凋敝。外出打工的群体主要是乡村社会的中坚力量，这一部分群体的离开，既是乡村人才的流失，也是乡村治理核心力量的流失。很多乡村只剩下老人、孩子和妇女，村民自治和村集体的力量发生极大的变异和削弱，凝聚动员能力下降，公共事务和基础设施建设几乎无人关心。基于直接的经验可以观察到大量这样村庄的存在，它们的状况几乎已经成为中国乡村的典型状况。在一些村庄，出现更为严峻的治理挑战，比如由于人口流动形成乡村治理真空，乡村混混大行其道。另有一些观察从宏观转向微观视角，注意到这些村庄在伦理方面产生的危机，例如代际关系和性别关系失衡。在代际方面，养老和抚幼成为乡村严重的问题，出现老年人口心理失孤和儿童与父母亲情撕裂等现象。在性别关系中，大量的研究指向了大规模人口流动对乡村社会婚姻稳定的威胁，人口流动对乡村社会传统的婚姻家庭观念造成冲击，导致大量婚姻的破裂，破坏了乡村传统的人伦秩序。

从文化的角度看，人口流动是人相对于乡村的脱域，即人从乡村空间和时间中脱离出来，进而与乡村文化脱钩，可能形成文化脱序的风险。由于空间并不只是一个纯粹的物理学观念，流动人口的离土离乡，既是与原有农业生产方式的脱离，也是与原有社区文化空间的分离。生产方式、乡村空间与文化紧密咬合，因此，流动突破了旧有的空间和时间关系，拓展到与乡土原生文化的分离、与乡土意义的分离。一些研究认为，乡村离开具体的山水风貌和聚落形态，就是与依托这个空间存在的乡村社会规范与价值观念分离。因此，从"乡土中国"到"离土中国"，人们不仅仅是离开具体的乡村空间，更是与乡村的意义世界割裂。从乡村时间感来看，人口的流动造成了对乡村"集体记忆"（collective memory）的稀释乃至遗忘，而集体记忆背后是乡村的共同情感和认同。这些观点注意到文化、价值观念与空间和时间的互构关系，但是也忽视了文化的相对独立性和适应性。

这些一般性的观察结论具有普适性，尤其可以对大量存在的现象给出直观的解释。但是要分析流动人口对治理的影响，在经历30多年的人口流动后，仅仅依靠这些直观的解释已经远远不够，而且它们也不能囊括所有的现象。最近发生的人口回流现象，使我们看到乡村原有结构在保存自身上的顽强，也为乡村治理和乡村复兴提供了不一样的思路。从文化的角度看，在某些案例中，乡村文化并未随着流动完全散失，反而得以保留和强化，这些文化在城市得到复制，并在完全异于乡村的环境中发展出具有弹性的特征，从迁移群体在城市中建立文化边界的事实可以看到这一特征。弗雷德里克·巴斯（Fredrik Barth）对族群的界定中，族群的边界并非地理边界，而是社会的边界，他对族群边界特征的经验性调查得到了两个意料之外的发现：尽管人员从地理边界上看在不断流动，但族群社会边界仍然得以维持；绝对的族群区分并不依赖于流动性、接触和信息的缺失，而是包括排斥与包含的社会化过程。① 也就是说，与截然不同的城市文化的比对，增强了乡村文化自我保存的动力。

四 大规模人口流动对流入地治理的影响

由于我国社会人口流动大规模、高频率的特征，相关议题一直是经济学、社会学、人口学等学科关注的焦点。人口流动问题在流入地的文化治理中主要表现为社会融合问题，社会融合问题固然与国家政策相关，但更大程度上是文化问题。

（一）基于同一性的社会融合预设的缺陷

在"后人口流动"时代，对流动人口的社会融合问题的研究必须更加深入。一般认为，社会融合障碍产生，是由于社会转型过程中制度供给不足以及个体或群体较差的人力资本禀赋，导致了资源配置错位或资源对流动人口的不可及。其内蕴的解决方案在于，只要上述造成社会融合障碍的要素消除，社会融合的愿景就能实现。以上认知已经得到大量的论述，并影响到国家政策的走向，目的在于通过改变结构性失衡实现社会公平。解决方案也往往把政治过程作为重要变量，对公共政策寄予更多期待，倾向于增加制度供给和创造更加公平的市场机会，将破除体制障碍视为实现经济和社会目标的主要手段，通过社会政策消弭流动人口与流入地人口的经济差距和社会距离，从而达成二者在经济和文化上的融合。

以上理论对应于人口流动的阶段性特征，在人口大规模流动前期，流动人口对城市现有结构的冲击总是最先浮现出来，相应地形成了针对具体问题的对策性研究。但这些研究将社会融合与同化视为同一概念，实质上并未突破广受诟病的同化论的理论框架。在大规模人口流动已经成为常态的情况下，仅仅致力于夷平结构性障碍还远远不够。研究表明，流动人口的社会保障水平、经济收益有显著提升的情况下，其社会安全感、公平感和未来预期反而有所降低。② 因此，更加深入的研究非常有必要，尤其应

---

① 弗雷德里克·巴斯主编《族群与边界——文化差异下的社会组织》，李丽琴译，商务印书馆，2014。

② 李培林、李炜：《近年来农民工的经济状况和社会态度》，《中国社会科学》2010 年第 1 期。

将复杂的文化和社会差异作为融合的核心要素进行研究。差异性的存在使不同的生活领域形成，理解这一进程的关键在于深度了解当地体系、社会关系，尤其是在日常政治中人们就各自定位进行的磋商。[1]

国内的社会融合研究大多借鉴西方族群移动及融合的相关理论，从研究关注点来看，研究者多从社会融合的概念出发建立相应的理论框架，以流动人口的人口学特征、经济行为、流动特征和空间分布等为背景，从经济整合、社会适应、心理变化、身份认同等维度进行研究，分析社会融入的过程、模式、问题等。[2] 近年来，除了关注流动人口在一定规模、总量基础上的社会融合，更注意到流动人口结构的变化，研究者关注到流动人口的性别、家庭及代际特征，分析家庭、户籍特征、子女随迁等因素对流动人口社会融入的影响，[3] 以及新生代农民工的社会融合新特征。[4] 从研究方法来看，大量的研究采用了实证的研究方法，现有研究使用数据主要来源于流入人口较多的城市（北京、上海、广州等）或区域（珠三角、长三角、京津冀等），包括了比较研究和个案研究。

目前学者们对流动人口社会融合的研究取得很大进展，但存在如下的局限性。一是研究背后潜藏着社会融合基于消除差异的固化视角，强调融合的同一性和融合的单向维度，即强调流动人口融入城市既有结构，忽视流动人口在适应新环境中的文化调适和自我重构，以及这些重构的文化网络如何与城市发生复杂的联系。二是在借鉴国外移民社会融合理论时，形成流动人口的"中国认知"，认为国外理论基于复杂的种族、宗教等社会

---

① 李峻石、吴秀杰：《论差异性与共同性作为社会融合的方式》，《青海民族大学学报》（社会科学版）2018 年第 3 期。

② 杨菊华：《从隔离、选择融入到融合：流动人口社会融入问题的理论思考》，《人口研究》2009 年第 1 期；张文宏、雷开春：《城市新移民社会融合的结构、现状与影响因素分析》，《社会学研究》2008 年第 5 期；蔡昉：《人口转变、人口红利与刘易斯转折点》，《经济研究》2010 年第 4 期；陈云松、张翼：《城镇化的不平等效应与社会融合》，《中国社会科学》2015 年第 6 期。

③ 赵海涛、刘乃全：《家庭视角下流动人口社会融合差异性研究》，《人口与发展》2018 年第 4 期。

④ 王春光：《新生代农村流动人口的社会认同与城乡融合的关系》，《社会学研究》2001 年第 3 期；李培林、田丰：《中国农民工社会融入的代际比较》，《社会》2012 年第 5 期；朱妍、李煜：《"双重脱嵌"：农民工代际分化的政治经济学分析》，《社会科学》2013 年第 11 期。

现实，而我国的流动人口与流入地民众拥有相近甚至共同的文化体系，故文化习俗、宗教信仰差距小，[1] 因此认为流动人口与流入地民众同质性特征突出，自动过滤异质性特征，进而导致基于差异性的文化相关研究不够深入。三是大量的实证研究设定的变量中，选取的社会融合的测量指标的效度还有很大的提升空间，文化要素在测度系统中被简单化，例如将社会融合简单操作化为本地市民排斥或容纳的态度倾向、流动人口居留意愿和与市民的交往情况等。量化研究方法与宏观的结构主义范式一脉相承，也是人口学、社会学的经典传统和学科根基，但由于中国社会结构转型的研究面临微观转向，其中蕴含的人文向度难以完全通过量化研究得到分析。[2] 由于意义丰富性的潜在损失，因此目前的测量指标难以达到客观测度社会融合的目的。

当前存在的流动人口社会融合研究的问题在于基于同一性的有缺陷预设。基于城市自我中心主义和确立清晰的结构性地位的视角，人们通常在使用流动人口社会融合的概念时，确立如下有缺陷的预设：相对于流动人口的不确定性，流入地社会的经济、政治、文化结构都是既定的，社会融合就是流动人口割断和抛弃原生文化系统、接受主流社会的价值观并进入主流社会的过程。

首先，这个预设表明了对"流动"的文化歧视和警惕。尽管人口流动的现象已经持续了30余年并且规模非常惊人，但流动人口始终处于不确定状态。"流动人口"作为称谓，首先是基于户籍管理的角度，指脱离户籍所在地同时缺乏流入地户籍身份的群体，强调这个群体从原有结构中脱落的特征。除了"流动人口"以外，其他比较中性的称谓还有"外来务工人员""农业转移人口""农民工"等，另外还曾经有带有污名化意味的称谓如"盲流"等。这些称谓反映出基于稳定的管理偏好，也反映出以城市为中心对这一群体的观察视角。在特定的社会语境中，每个人都被分类和

---

[1] 杨菊华：《中国流动人口的社会融入研究》，《中国社会科学》2015年第2期。
[2] 江立华、王斌：《农村流动人口研究的再思考——以身体社会学为视角》，《社会学评论》2013年第1期。

范畴化，并因此获得多重确定的身份或范畴成员资格。^① 通过对分类依据及分类方式的观察，可以看到社会秩序如何建构。因此，"流动人口"不仅仅是基于户籍管理的名称，更是一种身份建构。^② 这部分人群是处于"流散"（diaspora）状态的群体，他们脱离了原有的社会结构，但是在现有的社会秩序中没有清晰的结构性地位。^③

　　历史上建立在稳定土地制度基础之上的传统管理模式，视流动为破坏社会根基的危险因素，例如，孔飞力描绘了帝国晚期流民如何成为社会谣言针对的目标。^④ 流民被看作危险的社会力量的原因，除了不稳定性之外，还在于他们与秘密会社之间的关联。因此，当今社会对流动人口的污名化，一方面来自历史的记忆，另一方面来自现实中流动人口与管理制度的错位，由于流动导致基于人地关系的管理体系部分失灵，因此流动人口往往被视为无序和失控的群体。事实上，关于人口流动规模扩大与城市犯罪率上升之间关系的负面想象尚缺乏明确的实证支持，而流动人口增加与经济爆发性增长之间的关联已经成为共识。2014 年，国务院《关于进一步推进户籍制度改革的意见》颁布，表明国家新一轮户籍制度改革已经启动，但整体上流动人口的落户意愿和落户行为发生次数均低于政策预期，这很大程度上是对经济收入预期、公共服务资源可得性与区域性落户政策进行动态权衡产生的结果，也与流动人口长期遭受歧视后对城市归属感较低相关。

　　其次，这个理论预设背后的逻辑暗示，社会融合是此消彼长的零和博弈，只有将流动人口原有的文化系统消弭于城市文化中，社会融合才能实现，其实质是将社会融合建立在二元对立中一元压倒另一元的基础上。僵化的二元对立倾向是有害的，一旦这一理论视角成为人们的共识并进一步

---

① 方文：《群体符号边界如何形成？——以北京基督新教群体为例》，《社会学研究》2005年第 1 期。

② 尹海洁、高云红：《流动与固定的悖论：城市流动人口的生存困境——以 H 市繁华小区的流动人口为例》，《社会科学战线》2015 年第 12 期。

③ 张鹏：《城市里的陌生人：中国流动人口的空间、权力与社会网络的重构》，袁长庚译，江苏人民出版社，2017。

④ 孔飞力：《叫魂：1768 年中国妖术大恐慌》，陈兼、刘昶译，生活·读书·新知三联书店、上海三联书店，2012。

演化成意识形态，则可能形成自我实现预言的效果，催生对抗心理或同化政策。① 此外，我国流动人口的特殊性在于，由于户籍制度和土地产权制度、社会保障制度的刚性约束，农民的流动充满离乡与返乡、离土与守土的多向流变以及现代性和传统的反复冲折。② 因此，流动人口不是单向线性流动，而是具有双向往返复归的特征。近年来，更是出现大批外出人口永久性或暂时性回流的现象，在这样的状况下，割断原生文化系统、完全融入城市的设想，在理论和实践的维度都是不可行的。

（二）基于文化差异性的社会融合现实

针对以上问题，应基于差异性重新理解社会融合，芝加哥学派的著名学者罗伯特·帕克（Robert E. Park）认为社会融合经历竞争（competition）、冲突（conflict）、适应（accommodation）、同化（assimilation）四个阶段，最后的阶段，即同化，是指不同群体通过共享历史和经验，相互获得对方的记忆、情感、态度，在相互尊重的基础上最终整合于一种共同的文化生活之中。③ 帕克的社会融合过程表现出一种完美主义倾向，但大量的经验事实表明，在人口流动和社会融合的历史中，这四个阶段不一定形成线性进化过程，很多社会融合停滞在竞争和冲突阶段。即使进入适应和同化阶段，不同人群在共享历史记忆和历史经验的同时，依然很大程度上保留自身文化的特征和文化认同，并期望获得宽容和接纳。

原有的社会融合理解，强调因人口流动产生的冲突及其带来的张力对社会稳定性的潜在威胁，忽视差异性存在的意义及其带来的社会收益。但冲突的观点无法涵盖人口流动过程中社会融合的丰富实践，事实上，社会进步与经济发展既依赖于共识，也依赖于冲突和差异。人们就诸如尊重生命、公正和经济机会这样的核心概念达成某种一致意见是很重要的，但发达国家在民权、工人权利和社会发展方面的许多最重要的进步来自冲突，这是整个社会直接、公开地应对差异的结果。④ 我国大规模人口流动不是

---

① 郝亚明：《国家认同与族群认同的共生：理论评述与探讨》，《民族研究》2017年第4期。

② 金一虹：《流动的父权：流动农民家庭的变迁》，《中国社会科学》2010年第4期。

③ 刘娜：《对传统社会融合理论的批判与重构》，《青海社会科学》2016年第1期。

④ 米歇尔·拉芒、马里奥·路易斯·斯莫尔：《文化多样性与反贫困政策》，黄照静译，《国际社会科学杂志》（中文版）2011年第2期。

个体随机的行为和选择，而是应社会需求而产生的群体性行为，社会经济制度的变迁及其产生的社会红利导致了人口流动。因人口流动产生的社会冲突，实质是长期以来一些不合理的社会结构导致的结果。流动人口作为异质性群体进入城市，既适应了社会经济发展对劳动力的需求，也对社会治理形成倒逼，并推动了社会文化中对差异的思考，从长远来看，能推动社会整体的进步。

中国的大规模人口流动，不可能不对现有的城市社会结构产生影响，社会融合过程不是流动人口无痕地融入原有的社会结构，而是流动人口与既有社会结构相互调适和相互塑造的过程，也是一种文化与另一种文化的交互渗透和相互包容的过程。因此，关于流动人口的社会融合，应该突破狭隘的零和博弈视域，将流动人口的社会融合理解为建立在差异性基础上复杂的社会重建过程，其中包含着对不同文化的包容。这样的认知基于多元文化主义的基本观念，即社会融合不应当以牺牲文化多样性为代价，强调多元文化和价值观的相互适应。因此，在研究社会融合时，应当重点分析流动人口适应新环境的过程，在这个过程中，流动人口面临原有文化的维持与主流文化的参与两种要素，这两个要素之间的不同组合、强弱对比和博弈，衍生出复杂的社会或文化策略。

在流动人口的社会融合方式方面，相关理论滞后于灵活的社会实践，需要从基于理论预设转向基于实践导向的分析，这样观察的基点就确立于社会现实而非意识形态上。传统的社会融合的过程通常被看作从边缘到主流的跃升，即流动人口获得认可，进入迁入地的社会和文化结构中，这样的方式依赖于个体的适应能力和奋斗精神，往往具有个案和不可复制性特征。事实上，对中国人口流动的社会融合应该基于群体来观察，以分析这一群体如何以基于差异性的方式融入城市的社会现实。

首先，通过纵向"机械团结"与横向"有机团结"实现融合。通过对社会史的考察，涂尔干（Durkheim）提出了"机械团结"与"有机团结"的经验性统一是社会团结的普遍形式的观点。① "机械团结"是缺乏社会分

① 周晓虹：《西方社会学历史与体系》（第一卷 经典贡献），上海人民出版社，2002。

工条件下，建立在高度同质性基础上的社会联结方式，以情感和信仰等维系；"有机团结"是在社会分工合作条件下，建立在异质性基础上的社会联结方式。由于社会成员之间的依赖程度提高，"有机团结"较"机械团结"对社会整合程度更深。如果将社会融合理解为社会重建过程，则中国流动人口的社会融合表现为：流动人口依赖原有的社会资本实现"机械团结"，同时利用这些社会资本在流入地创建新的结构和新的经济分工，与城市形成新的联结方式，从而实现"有机团结"。纵向联结原有的社会资本，横向与城市形成经济文化关联，通过这样的结构，实现内部资源的共享和外部资源的获取。

中国人口流动有一个特别的方式，即依靠血缘和亲缘等带来的社会资本进行流动，形成流动的群聚化特征。农业社会是一个共同体，共同体是德国社会学家斐迪南·滕尼斯创造的概念，共同体成员拥有共同的集体记忆，全体成员拥有精神方面的共同感受，这些记忆与感受成为紧密联系彼此的纽带，文化上的共同点成为黏结式社会资本。流动人口进入城市后，由于与城市文化的隔膜，天然倾向于熟悉且带来安全感的原乡文化，通过对外的异己感和对内的情感连接来维持共同体。原乡文化对他们的重要性，在于可以使他们从陌生社会中获得文化慰藉，并产生文化的差异性意识，开始意识到"我者"和"他者"的区别，从文化中获得身份认同。这有助于社会的稳定，也有助于消除进入城市的新移民的心理撕裂感。此外，流动人口进入城市后，各种风险陡然增大，在城市社会保障和公共产品不可及的情况下，他们复制原有的社会关系作为资源分享和风险平滑手段，这成为在城市的生存策略，提供了社会支持。

社会资本和社会网络在城市的重建不是简单复制，重建的社会网络既有原来的文化特征，也加入了新的要素，尤其是建立的以业缘为基础的社会网络，实现了通过业缘加强横向社会联系。这样通过复杂的社会分工形成共同体就是"有机团结"，是社会融合的方式。尤其是在流出地有商业文化传统的情况下，这些社会资本不仅仅体现为互助和救济的渠道，还体现为在异地开展经济活动的要素，成为现代经济制度或企业制度的有效替代。一些学者对北京"浙江村"卓有成效的研究，展现了流动人口如何结成新的社会网络并塑造属于他们的社会空间和民间领导阶层。新的社会网络成为企业的替代性组织，推动了特殊的经济交换机制出现。

其次，通过与城市的经济、文化互构实现融合。流动意味着去地域化，吉登斯（Giddens）称之为"脱域"（disembedding）。但流动人口进入城市后，变迁和涵化并没有产生显著的影响，而是在城市中形成了一些可以观察到的流动人口的聚居特征和他们营造的社会新空间，进而形成地理或社会边界，实际在城乡关系建构过程中形成了空间上和文化上的多样态、多梯度的社会结构。挪威人类学家弗雷德里克·巴斯通过对族群边界特征的经验性调查，认为作为族群特征的稳定、持续、重要的社会关系能穿越边界得以维持，这个发现解释了大规模人口流动下流动人口在城市建立和维持边界的现象。

社会边界的存在并非只被视为融合的障碍，相反，巴斯认为，社会边界的存在，反而会促使不同群体通过选择强调族群身份的方式，拓展以前在社会中所没有发现的新的地位和组织活动模式。① 这些社会边界形成了多样态、多梯度的社会结构，在产业分工和社会文化上可能形成不同的生态位，且边界内领域可能与城市互为依赖，产生共生情景和各种可能相融的领域。最为明显的是在城市分工中产生差异性生态链，出现边界内领域与城市互补的社会分工体系，形成差序化格局。从经济学的角度来看，经济发展就是专业化程度不断加深、分工链条不断加长的过程。社会分工的差异是经济发展的客观需求和重要推动力，社会分工的加速也是社会实现"有机团结"和社会融合的途径，分工本身并不是社会融合的阻碍，对社会分工的经济歧视和社会歧视才阻滞了社会融合。在城市分工体系中，流动人口处于较低级序，这成为流动人口污名的来源，但对于流动人口来说，进入这一位置却是他们在城市立足、融入城市分工体系的主要路径。

（三）文化治理与社会政策的结合

中国历史上人口流动一直存在，但除了战争和饥荒等特殊时期外，大规模的人口流动并非常态。改革开放以来，随着劳动力大量从农业领域退

---

① 弗雷德里克·巴斯主编《族群与边界——文化差异下的社会组织》，李丽琴译，商务印书馆，2014。

出，进入边际收益较高的非农领域，大量人口实现空间上和产业上的转移。农村的流动人口，作为城市的新移民形成与原社区居民共享的文化系统，从而实现融合，这是一个长期的过程。在这一过程中，同一性和差异性都是社会融合的条件，前者强调同质与连续，后者强调异质与断裂。同一性和差异性也是相对的、不断转化的，在同一性中存在差异性，在差异性中包含着同一性。根据本尼迪克特·安德森（Benedict Anderson）的理论，共同体是被想象出来的。因此，纯粹同质的社会不存在，即使是城市内部，也并非一个高度同质化的社会，差异性和异质性是显而易见的社会事实。差异并不意味着障碍，相反，差异包含着新的力量。在社会融合过程中，可行的方案不是消灭差异或将差异最小化，而是认识、理解和包容差异。

在社会现实层面，在文化上和经济上包容差异性，并不意味着否认同一性。如果只强调差异性而忽视同一性，容易将复杂的社会经济不平等置换为差异问题，用虚无的文化问题遮蔽严峻的经济和社会问题，将多元文化和文化差异包容的观念转化为抽离现实的修辞。[①] 当前尤其要警惕流动人口社会结构板结化的潜在风险，社会结构的板结化指的是流动人口面临的失业、歧视等多种风险依然存在并呈现固化的趋势，也就是说，在长期的发展中，流动人口遭遇的歧视由一种临时状态逐渐变为常态，进而被锁定而变为社会结构，并且随着长期居留流动人口的增加，这种社会结构通过代际传递进一步固化，进而形成新的社会问题。正如奥斯卡·刘易斯（Oscar Lewis）认为的那样，这就形成了在阶层化、高度个人化的社会里，边缘人口对其边缘地位的适应。[②]

因此，在包容和理解差异的同时，应继续在社会政策层面拆解体制性障碍。前一个阶段的政策重心对应于人口流动的阶段性特征，主要围绕就业培训、法律维权等方面制定措施。随着流动人口的代际更替，家庭流动取代了个体流动成为当前的新特征，家庭作为一个微观社会组织，宏观上影响着社会生产和再生产系统。在人口结构上，表现为流动人口中女性、儿童和老龄人口的比例持续增加。在流动人口的居留意愿中，除了收入预

---

① 赵刚：《"多元文化"的修辞、政治和理论》，《社会学研究》2006 年第 3 期。

② Oscar Lewis，"The Culture of Poverty," *Scientific American* 2015（1966）：19 – 25.

期外，公共服务的可获取性成为重要的考量因素。充足的公共服务是减轻流动人口相对剥夺感的重要条件，因此，在改善流动人口社会融入状况的持续性努力中，应将公共服务资源的配置放到重要位置，要从社会政策方面强调流动人口与城市人口的无差别公民身份。针对流动人口的特征，精准识别和供给流动人口所需的公共服务，关注流动人口群体在公民权利、社会保障、市场机会等方面的客观缺乏状态，对这些要素进行清晰描述和量化。在实践中，通过合理的制度设计及实施，确保公共服务和社会保障体系对流动人口的可及性，破除社会基本保障、医疗、教育、住房等基于身份的社会排斥，通过合理的社会政策和更加公平的市场机会，建立社会－政策－市场的三维框架，消弭基本权利不对等导致的社会歧视，实现真正意义上的差异性社会融合。

第三节　社会变迁中文化治理的意义

市场化和人口流动是在城乡二元结构的背景下发生的，是工业化和城市化进程中对乡村社会的冲击，作为一种强大的外生性力量，看起来对乡村传统的文化结构而言是破坏性力量，解构了乡村共同体的内聚、紧密特征。但事实上，市场化和人口流动对乡村社会结构变迁的作用是十分复杂的，既有解构性作用，又有建构性作用，甚至强化了共同体的凝聚性特征。在这个在变动甚至失序的过程中，文化作为社会治理的资源始终在场。

首先，文化减轻了变迁的震荡，对原有的乡村共同体起到稳定的作用。市场化和人口流动对乡村而言，都是重要的变迁，变迁成为解释乡村社会现实的主流话语后，逐渐出现被滥用的倾向。根据经验观察，乡村社会在外生力量的冲击下，确实发生了很多变化，但并没有发生大规模的、非常严重的社会震荡和崩塌。人类社会中恒久和变动之间是复杂一体两面关系，乡村社会既具有外在的动态性，也具有内在文化的稳定性和连续性。乡村社会变迁中的稳定性就是通过文化产生的，变迁对乡村社会的震荡很大程度上是通过文化减轻的。文化使社会稳定和持久存在的力量应该受到关注，在对中国乡村社会相对稳定发展的研究中，应该从制度、经济、地理、人口等要素角度的阐释向文化视角收敛。

其次，在社会变迁中，作为生活和文化场域的乡村社会价值被感知和强化。哈贝马斯认为，现代社会具有双重意义，即"系统"的社会和"生活"的社会。[①] "系统"的社会通过宏观的社会制度，如经济、政治等来实现运转，而"生活"的社会则充满个性、意义和象征，是文化价值的领域。乡村在"系统"社会不断走向分化，但是在"生活"的社会却获得了自身存在和发展的价值。因为"系统"的社会总是不断进步的，现代社会是生产力渐进增长的巅峰，而"生活"的社会并不如此，功能主义学派对进化论持否定态度，认为人的生活有其永久存在并在现代社会中复归的基质，这个观点隐含了人文主义复归的合理性，也可以说明乡村文化在现代社会中得以存留和发展的基础。乡村与城市分别代表着不同的时间意象，乡村表征过去，而城市表征未来，处于两者之间的是一个未被定义的"现在"，乡村的观点产生的拉力朝向以往的方式、人性的方式和自然的方式，"现在"被体验为一种张力，在此张力中，人们用乡村和城市的对比来证实各种本能之间的一种无法解释的分裂和冲突。[②] 在市场化和人口流动的大潮中，乡村的文化价值逐渐显现出重要意义，乡村保存着集体的记忆，代表着快乐的童年意象和追溯过往时无忧无虑的幻象，在现代社会中具有弥足珍贵的价值。乡村存在的价值很大程度上不完全在于经济方面，乡村是生物多样性和文化多样性的重要保留地，作为地方共同体，其能发挥社会认同与情感方面的价值，因而也能提供社会治理的重要资源。

最后，文化不仅是重要的治理资源，而且可能与变迁中的新要素产生契合的力量。一方面，乡村受到外来力量冲击是社会事实，相对于乡村社会而言，这些力量是异力量。另一方面，也要注意到现代力量与原有要素契合的方面。乡村文化资源和文化多样性的保存，在经济发展形态发生改变时，有可能成为经济资源。文化资源和经济、社会资源往往会互相转化，保留乡村资源不但在文化上，而且在经济上也有重要意义。因此，即使从经济发展的角度看，乡村文化依然是潜在的经济资源。在后现代社会

---

① 尤尔根·哈贝马斯：《公共领域的结构转型》，曹卫东等译，学林出版社，1999。
② 雷蒙·威廉斯：《乡村与城市》，韩子满等译，商务印书馆，2013。

发展中，其潜在的价值还将进一步显现。此外，根据国外的经验，乡村在凋敝的过程中经历一个拐点后，又会出现复兴的趋向，因此，保留乡村是社会资源的另一次重整，乡村文化资源在未来经济发展形态中被赋予新的使命。法国学者孟德拉斯于1967年出版《农民的终结》一书，认为小农不可避免会走向消亡。但在20年后，作者在再版的书中加入了新的内容，在不断出现农村凋敝的论断的背景下，他却从统计数据和经验事实中，发现了乡村社会惊人的复兴，人口流动方向发生了逆转，而且人们在乡村获得了一种特别的和舒适的生活方式，城乡之间的差距进一步缩小。作者举例，根据人口普查，1975年乡村人口下降的趋势就停止了，7年后乡村人口数量开始回升，且回升速度高于同期法国其他地区。农业从业者的数量依然持续下降，但降幅减缓。他认为，乡村经过休克期后，重新获得了生命力。[1] 中国的城市化进程中，乡村社会的凋零是显见的现象，但是经历高速城镇化阶段之后，乡村社会的复兴也会出现，虽然还没有大规模出现，但目前已经出现了逆城市化的产业发展方向。

总之，面对市场化和人口流动的冲击，乡村社会的根本应对应当是由被动状态转为主动。在文化发挥减轻震荡作用的条件下，在国家政策层面，应考虑以何种方式发展农业产业，才既不违背市场规律，又能实现乡村复兴。在以农业生产方式为依托的乡村，建立现代化的农业体系是发展的根本之源，乡村只有成为全国乃至全球产业分工体系的一个环节，才能获得可持续发展能力和文化的复兴。同时，在国家政策的价值系统中，在当今条件下，乡村社会的发展问题应该受到重视，不应任其凋敝。在城乡资源严重失衡的情况下，如何将包容性发展的社会治理理念贯彻？这个问题涉及政府对乡村社会的认知，国家曾经以土地产权变更为核心，实现了对农村社会基本结构的改造。在当今形势下，国家政策中对乡村的认知极其重要，决定了乡村社会的走向。国家在追求社会正义和社会公平的发展，乡村社会应该得到更多的经济机会，乡村社会作为整体和每一个村民作为个体，其利益应得到尊重和保护。

---

① H. 孟德拉斯：《农民的终结》，李培林译，社会科学文献出版社，2010。

第五章　乡村社会文化治理与国家治理的互动

国家治理是宏大的社会目标，具体到治理的方式和成效，必须下沉到地方社会或基层社会来看。从历史上看，长期以来，乡村的自治系统主要以系统化的宗族社会作为治理主体和治理组织，以民间文化作为治理资源，以大量的民间仪式来强化这个治理系统。与国家的科层制度治理系统相比较，乡村社会的文化治理系统与传统出自完全不同的治理逻辑和治理程序，两个异质性的治理系统在运行中既有契合和互构，又存在张力和冲突。

第一节　混融的"国家－社会"框架下的研究

一　西方"国家－社会"分析框架的适用性

西方学者在分析中国问题时，不自觉地采用西方惯用的理论范式，例如施坚雅关于中国社会分野的分析。他从中国集市体系和区域等级体系的研究出发，认为从空间结构来看，中华帝国内存在两种体系，一是帝国设置的区系，表现为国家的行政区域设置，这些区系反映的是官方的"行政结构"，及使其在行政结构中起作用的官僚体系；二是由经济交换而成长起来的区系，反映的是中国社会的"自然结构"，是退职官员、非官方的士绅以及商贾支配的市场贸易体系、非正式政治以及隐蔽的亚文化的世界。① 这个分析事实上是在西方传统的"国家－社会"分析框架下进行的。

---

① 施坚雅：《中国农村的市场和社会结构》，史建云、徐秀丽译，中国社会科学出版社，1998。

在国内的研究中，舶来的"国家－社会"的研究范式因概念清晰、理论成熟和技术利用便利而被中国学者广泛套用。国家与社会的观念来自西方的历史语境，社会被理解为公共领域，与城市的发展和市民社会的成熟相关。在中国的语境中，借用国家与社会的概念遭到挑战，因为概念中包含了与西方经验绑定的假设条件。理论能否套用，不但取决于该理论本身对现实经验分析的有效与否，更取决于这个理论成立的限制条件与要解释的现象所在社会的情况是否一致。自然地，研究者会自觉或不自觉地把他们所在社会现有的制度、技术、资源作为给定条件。在借鉴成熟范式解决现实问题时，要分析中国国家与社会的分野和西方社会的异同，进而考虑国家与社会的二分法在中国乡村地区是否适用的问题。

二 中国"国家－社会"的特殊性

根据中国国家与社会之间存在的分野，关于与国家相对的领域的称谓，和与西方理论中"civil society"表述相对应的"市民社会"不同，"民间社会"可能是更恰当的表述，包含着相对独立于国家的领域，尤其是无法被国家覆盖的部分。社会与国家的关系，不是二元对立，也并非简单的对抗或服从。从历史上看，国家与社会之间的界限是流动和不清晰的。事实上，正是在这个不清晰的国家与社会的分野中，存在着理解中国社会的奥秘。中国从国家到社会是一个连续的光谱。[①] 国家与社会呈现混融的特征，不但在传统社会时期如此，在现代社会这个特征依然十分突出，国家与社会在治理上的历史传统，为当今的社会治理提供了路径依赖。在理论上探寻国家与社会的关系，以至于国家正式制度建设、地方社会边界等与乡村治理的复杂互动，旨在充分利用社会资源进行治理。将近100 年前，以晏阳初、梁漱溟、杨开道等为核心开展的乡村建设运动，是中国知识群体在历经现代国家建制挫折后，重返地方社会来创立制度的一场政治实践。[②] 在特定的历史条件下，乡村建设运动试图以民间社会的力

---

① 周黎安：《如何认识中国？——对话黄宗智先生》，《开放时代》2019 年第 3 期。
② 杨念群：《"五四"九十周年祭——一个问题史的回溯与反思》，世界图书出版公司，2009。

量来弥补国家建制的失败留下的空缺；当前，我国已经形成了强有力的国家建制，但是民间社会依然有大量的治理资源，国家与乡村社会的互动关系，塑造了特殊的治理模式。

国家与社会混融的特征，在司法领域有明显的表现，尤其在乡村社会，司法很大程度上与文化、惯例、习俗相关，既是国家与社会的结合点，又是观察文化治理的重要场域。处理中国民间社会的纠纷，在启动司法审判程序之前，一般优先发挥民间调解功能。[①] 黄宗智通过对司法制度的研究提出了介于国家与社会中间的"第三领域"的概念，"第三领域"是介于西方理论的国家与社会之间的范畴，是一种混合形态，在司法和公共事务中广泛存在。在此基础上，他提出"集权的简约治理"的观点，即只要地方没有重大社会冲突，国家就默许地方准官员和士绅进行社会公共事务管理。[②] 这些观点把乡村治理背后的文化机制作为重要的变量进行分析，并得出了有意义的结论。在混融的"国家－社会"框架下，国家与乡村社会文化治理的关系，既有历史的延续性，又反映出时代特征。周雪光在中国大历史视野下认识国家治理逻辑，通过对中华帝国税收财政制度的考察，他提出了国家与地方社会的三对关系，即"委托与代理""正式与非正式""名与实"的关系，来概括中华帝国的治理逻辑。[③] 这些逻辑也延续至当代实践，反映出历史相似性且具有启发性，并由此衍生出一系列制度、设施和机制。历史上，在非正式治理场域，国家在乡村社会文化治理过程中提供重要的资源"名"，即符号意义，主要以虚拟的符号"在场"，提供象征性资源，而乡村提供实质性资源，通过这些虚拟的符号，乡村在自身的文化框架内放置国家的地位，处理与国家的关系。缪格勒（Mueggler）通过对云南山村的历史人类学研究指出："国家"不仅仅是制度的集合或权

① 青木昌彦：《比较制度分析》，周黎安译，上海远东出版社，2001。
② 黄宗智：《集权的简约治理——中国以准官员和纠纷解决为主的半正式基层行政》，《开放时代》2008 年第 2 期。
③ 周雪光：《从"黄宗羲定律"到帝国的逻辑：中国国家治理逻辑的历史线索》，《开放时代》2014 年第 4 期。

力的关系，更重要的是，国家是一种"社会想象"（social imagination）。[①]事实上，对国家的"想象"并非毫无依据的编造或空想，而是灵活运用象征符号处理地方事务的策略。

当代国家与乡村社会的关系，一部分涉及的是政权组织问题，表现为中央政府与基层政府在资源分配、事务权限方面的关系，即通过系统完整的制度和措施运作，实现公共事务的管理和公共产品的供给；另一部分涉及的是文化问题，表现为正式制度与非正式制度之间的关系，即正式制度或政权组织形式向乡村的延伸，以及其与乡村既有社会结构和文化观念的兼容或冲突。以非正式制度进行治理成为乡村重要的治理方式，而非正式制度发生作用，主要靠文化来凝聚力量。

第二节　文野源流中的分化与融通

在文化体系中，正统文化与乡村文化有"文""野"之分，"文"指国家正统文化，"野"指区别于经典文化的民间文化，其中包括乡村文化。乡村是"野"文化生发的场域，集合了地域上、内容上和意义上的异质性，且与现代社会的文明进程构成矛盾关系。但事实上，"文""野"同源。"礼失而求诸野"是儒家文化兼蓄的表达，在这里，"礼"不应当仅仅被理解为狭义的"仪式"，或者拉德克利夫、格尔茨等人类学家用"ritual"指代的"宗教生活的集体形式"，而是指涉中国社会复杂的文明进程，以及在文明进程中衍生出来的一套显性的社会仪式和社会规范。厘清乡村与文明的渊源，将乡村发展与近现代以来的权力关系演变以及民族国家进程勾连起来，就可以看到，乡村文化发展的历程，是脱胎于乡土的上层文化疏离并凌驾于乡土之上，又为后者所接纳和抵御的复杂过程。[②] 这个过程伴随着现代国家的建立，乡村在这个过程中不断被侵蚀，对外惶惑，对内又难以自适，造成今天乡村治理的困境，但同时在乡村社会内部也隐含着可能可

---

① Erik Mueggler, *The Age of Wild Ghosts：Memory, Violence, and Place in Southwest China*（Los Angeles：University of California Press，2001），pp. 59 - 60.

② 王铭铭：《走在乡土上——历史人类学札记》，中国人民大学出版社，2003。

以利用的治理资源。

一 "礼失而求诸野"：理想类型的分析范式

"礼失而求诸野"的表述见诸文字，是在班固所著的《汉书·艺文志》中："仲尼有言：'礼失而求诸野。'"① 从文化的角度可理解为：因政权更迭或意识形态等原因发生损益的"礼"，在民间却保留着文化因子；经现代化涤荡后在都市消失的文明要素，在乡野间依然存留。这表明了乡村精神与中国传统文化存在隐秘恒久的渊源，雅文化与俗文化同源异流、殊途同归。在现代社会，乡村文化似乎正以不可阻挡之势消亡，"礼失而求诸野"往往被作为一个伪命题质疑。从人文社会科学研究的进路和视角来看，"合法性"或"正当性"是判断命题真伪的出发点，"合法性"指在经验层面，存在着社会活动系统对这一命题的意义和信念的培养，即使这种意义和信念在某一特定时期被遮蔽；在理性层面，存在判断的客观要素。"礼失而求诸野"表明了礼仪的民间起源，之后官方将礼仪系统化并垄断对符号的生产与解释，形成雅俗分野，到宋代以后官方礼仪又下沉到民间社会，证明了民间礼仪与大传统的联系，民间社会也保留着文明礼仪的某些特质。因此，"礼失而求诸野"作为传统命题在现代境遇下提出，并非基于古典的浪漫追忆与想象，也不止于空泛的人文理想的表达，其具有被纳入社会人文科学研究的正当性和合法性，也是对现实社会中乡村秩序失衡的回应与反省，并内蕴可能的解决方案。

但是，"礼失而求诸野"并非完全是实然性的描述，而是基于乡村文化和社会结构的分析，体现了社会结构性的特征，正如"熟人社会"的概念一样，应被视为结构性的解释框架而非单纯的描述意义上的概念。② 马克斯·韦伯理想类型（ideal type）的分析方法为对"礼失而求诸野"的分析提供了很好的工具。韦伯称之为"理想"的类型，是因为其接近典型，

---

① 班固：《汉书艺文志》，颜师古注，商务印书馆，1957。
② 赵旭东：《乡村理解的贫困——兼评陈柏峰〈乡村江湖〉》，《中国农业大学学报》（社会科学版）2011 年第 1 期。

是一种理想化的典型。① 就其概念的纯洁性而言，这种精神建构很难通过经验在现实世界中发现。② 乡土社会与中国文明史的关系是一个非常宏大的主题，以"礼失而求诸野"作为切入点的表述，既来源于现实，又与经验事实保留着一定的距离，既是基于经验的主观思维建构，又能抽象掉经验的细节和差异性，提炼出科学的概念，是一种逻辑意义上而非示范意义上的分析。这样可防止经验对象与研究概念之间的割裂，既能保持研究旨趣而又不必陷入烦琐的考据和义疏整理。

二 "野"之场域与中华文明进程的源流

乡村是"野"文化或民间文化生发的场域，尽管对乡村概念的理解和划分不尽相同，一般而言，乡村首先是作为一种对空间的指涉和对经济活动方式的描述而存在的，乡村往往指在地理上的乡村聚落形态，在生计方式上其中居民从事与农牧渔樵相关的活动，因此乡村被认为是居民以农业为经济活动基本内容的一类聚落的总称。除了这个显在的指涉空间的乡村，更要注意隐伏的文化意味的乡村，乡村有着自身的逻辑和意象，承载着重要的意义，乡村曾经是中华文明的容器。在乡村的山水风貌、建筑聚落等有形空间之上，承载着个人、家族和村落的共同记忆，形成了包括乡村的社会规范、价值观念等的一套体系，通过时间和空间的咬合，乡村的意义被黏合起来，并通过各种风俗典仪不断强化巩固共同的情感取向与集体记忆。因此，乡村的形态还囊括了宗法制度、乡间伦理等基本内容，承载着地方性、日常性生活和民间传统的意义聚集，是一个巨大的民间文化沉淀空间。③

在更为宏观的层面，乡村社会与中国文明进程的联系蛇灰蚓线，常常隐匿又一直若隐若现，由乡村开始的祭祀演变为宫廷士大夫的礼仪从而确立国家的凝聚传统，起到类似于西方社会宗教的作用，形成由乡村"社"

---

① Max Weber, *Economy and Society* (New York: Bedminster Press, 1968), p. 36.
② 安东尼·吉登斯:《资本主义与现代社会理论——对马克思、涂尔干和韦伯著作的分析》，郭忠华、潘华凌译，上海译文出版社，2013。
③ 李佳:《从资源到产业:乡村文化的现代性重构》,《学术论坛》2012 年第 1 期。

到国家"社稷"的转变。乡村是文明的隐秘根基，在中国这样有着家国同构文化传统的国家里，"家"不仅仅是家庭，在乡村社会，家的扩大和推衍形成了家族的观念，同时形成维系家族的孝道、伦理、纲常等，它们突破了小家庭的范畴，成为与国家伦常紧密相连的实体，是经济地理构筑的社会关系之下潜伏的坚硬内核和实质性内容。费孝通做出了"乡土中国"的著名论断，并进一步阐释："我说中国社会的基层是乡土性的，那是因为我考虑到从这基层上曾长出一层比较上和乡土基层不完全相同的社会，而且在近百年来更在东西方接触边缘上发生了一种很特殊的社会。"① 根据费孝通先生的分析，可以把乡村社会理解为一种基本介质，在其上长出了更复杂的文明形态和社会结构。

三 "文""野"的源流、分化及互动

20世纪初，通过对中国民间宗教的研究，德格鲁特与葛兰言两位人类学家都指出，中国乡村内部的文化是具有文明性的。葛兰言通过对民间节庆与歌谣的考证，发现最早的官方礼仪是从民间性别关系和原始仪式中提炼出来的，他认为官方和文本传统所代表的文明，是通过对农业季节性庆典的模仿而形成的。② 这表明虽然存在不同的流变与衍生形态，但民间文化与古典的精英文化之间存在共同的源流。时至今日"文"与"野"共同源流在日常中仍然有迹可循，乡村寻常农户人家的照壁和对联中，"耕读传家"的表述很常见，"耕"表征着传统经济生产方式，"读"表征着传统中的统治意识形态系统，提示上层文化与民间文化之间的关系。民间文化与上层文化的相态不同，民间虽占有较少的文本性资源，但未经加工过的风俗保留较为完整。

民间文化与精英文化虽然有共同的源流，但不可避免走向了分化，之后官方形成一整套的占有和生产文化符号的系统，并产生了以文化符号再生产为生的文化从业者，即古代知识分子。这就像马克思指出的那样，"这个阶级内部，一部分人是作为该阶级的思想家出现的，他们是这一阶

---

① 费孝通：《乡土中国》，江苏文艺出版社，2007。
② 葛兰言：《古代中国的节庆与歌谣》，赵丙祥、张宏明译，广西师范大学出版社，2005。

级积极的、有概括能力的意识形态家，他们把编造这一阶级关于自身的幻想当作主要的谋生之道"①。知识分子从生产劳动中独立出来并专业化的现象，反映出统治者在努力建立概念化世界价值体系，并企图独占运用解释话语的权力。商、周时代，开始出现"学在官府""官守其书"的文化垄断，解释祭祀仪典的"巫"变成官府专用的知识分子。经由这些以文化符号再生产为生的职业思想家的系统化和理论化，礼仪进入庙堂，脱离了其原生的环境，并得到精致化的修饰，官方独占经营和解释这套符号体系的权力，使之成为统治合法性的理论基础，与乡土社会疏离开来。

民间文化作为同一源流衍生出的另一套系统依然以自在的方式存在，鲜活恣肆的想象和稚拙的人类童年气质至今依然在乡村手工艺品、乡村口传艺术中存留着，神仙鬼怪的想象世界也保留着未经秩序化、等级化和规范化的特征。例如，在大理祭祀本主的请神词中，调子活泼生动，想象混沌丰富，展现的看起来像是初民社会欢快的乡村宴席的情景，描绘了儒、道、释各路神仙与原始崇拜、民间巫术的各色鬼怪逐次登场、济济一堂的情景，玉皇大帝和痘神小姑娘也融洽相安。这反映出这阶段屠戮社会的力量还主要集中于自然力，民间信仰少了严格的宗教藩篱和等级象征意味。在边陲和民族地区，由于自然力的难以控制和生活环境的多样性，更是发展出一套崇鬼尚巫、充满怪力乱神的传统并将之系统化。作为人神沟通媒介的"巫"一直存留着，他们是知识分子的原型，发挥着与官方知识分子同样的功用。

精英文化与民间文化在分化后并未完全割断彼此的联系。祭祀作为重要礼仪，展现了从民间礼仪国家化到国家礼仪庶民化的过程。祭祀的礼仪起源于民间，被官方采用后，成为国家礼制从而禁绝地方使用，这是民间礼仪国家化的过程。到南宋时期，在理学发展的推动下，为实现礼仪世俗化，推动地方模仿上层礼制，建立祠堂，祭拜先祖，这是国家礼仪庶民化的过程，意在通过官方礼仪的下沉，有效地将民众纳入国家治理体系。这

---

① 马克思、恩格斯：《德意志意识形态》（节选本），人民出版社，2018。

是宋代儒家士大夫企图恢复尧、舜、禹三王之治的运动——"文治复兴"中开始的重要的"制世定俗"的礼制变革和文化实践。[①] 在下沉过程中，礼仪再次回到乡村，完成一个循环，并在循环中实现民间礼仪与国家礼仪的互动、相互影响。

四 从"文""野"之分到"进步－落后"观念的形成

乡村文化是附着在农耕生产方式之上的，传统乡村社会在土地利用的过程中，形成了一个超稳定的社会结构和治理系统，现代生产方式发生变化，对传统乡村产生了极大的冲击，农民常年劳作在土地上积累的经验和技艺被抛弃，由此建立起来的生活哲学在现代社会中失去了意义，由农业生产节律创造的时间观念和节庆仪式与现代生活没有任何对应关系，乡村的社会文化意义轻易被覆盖，曾经有过的"文"和"野"之间观念上的区分被直接转化为城市与乡村之间文化发展进程上的对立和差异，进而形成"进步－落后"的观念。[②] "乡村"一般隐含着与"城市"的二元对立并伴随着强烈的优劣价值判断，暗含二者经济发展程度与文明进程的差异。在这样的语义中，存在着发展主义倾向，发展主义秉持着历史的单线进化论调，认为根据某一定律和逻辑，事物会在同质的时间里沿着同一路线向着同一历史方向运动，这个方向是预先锁定且无法逃避的。在现代性的宏大叙事中，一切都置身于具有确定的过去和可预见的未来的历史之中。[③] 在这样的逻辑里，乡村向着城市的方向移动，与城市相比，乡村被预设为文明程度较低，其概念被化约为单一的维度，而忽略了丰富的内在肌理和细节。这个观念产生的过程与现代性发展过程是重合的，主流意识形态的"现代""进步"的观念似乎是不证自明的准则，乡村文化的自我认同在这个过程中不断被消解，这一切构成了乡村文化改造的合法性基础。

---

① 张小军：《"文治复兴"与礼制变革——祠堂之制和祖先之礼的个案研究》，《清华大学学报》（哲学社会科学版）2012 年第 2 期。

② 赵旭东：《否定的逻辑：反思中国乡村社会研究》，民族出版社，2008。

③ 安东尼·吉登斯：《现代性的后果》，田禾译，译林出版社，2014。

五　"文""野"融通及乡村社会文化治理

近代以来"文""野"之间经历了从相互流动到各自固封的过程，并通过一系列具体的制度设计来确立边界壁垒和固化这一体系，客观上形成"文""野"之间一定程度的脱嵌。"文"与"野"的关系，实质是对国家与社会、大传统与小传统、官方与民间等多对关系的文化描述，这些看似截然对立的范畴中，有着结构的系统性互通，因此，"文""野"之间有着千丝万缕的联系，在合适的社会条件下二者会相互融合，相互提供支持和滋养。当前，乡村社会资源和文化传统的作用并不像现代化理论所预设的那样几乎完全消失了，乡土传统具有发展的内在连续性，它们不是被动地接受外生制度，而是在与外生制度的博弈中获得多样化的表现形态。当前，一方面，以"文"为特征的大传统在社会中占据的权威性资源日渐增长，国家在提供制度资源和资源配置方面拥有绝对的优势，是乡村治理和乡村公共产品供给的主要力量；另一方面，以"野"为特征的小传统在社会中承载着重要的经济发展资源和社会治理资源，地方性的社会文化资本的作用越来越受到重视。

"礼失而求诸野"命题的建构和重提，都是以理论的形式表现出对时代问题的探究，无论在"礼崩乐坏"的孔子时代还是当下，都体现了关注特定时代社会文化现象的内在逻辑。目前，随着全球经济文化秩序的确定，地方性知识日益边缘化，现代社会强调传统与现代对立，高度注意社会结构变动的一面而忽视恒常的一面，忽视传统的文化治理格局和治理的路径依赖，造成治理系统与地方性知识的分离。为了实现社会福利的最大化和公共产品最优供给，应当充分利用乡村社会原有文化结构中存在的有利因素，进一步优化资源的配置。

因此，对"礼失而求诸野"的分析，目的在于通过对乡村文化与中国大文化传统的关系和历史上乡村治理路径的溯源，来探讨乡村社会实现治理模式创新的可能性。

第三节 治理实践中的演化与互嵌

共时和历时的路径在乡村治理研究中都应受到重视，在制度建构的分析中，不仅要考虑共时性（synchronicity），即把制度放入整个社会发展的宏观框架中进行分析，也要考虑历时性（diachronicity），即考虑传统的力量和制度的路径依赖特征。本书在相关的叙述中，将历时研究加入进来，在社会结构系统中引入时间要素，呈现一个动态（dynamic）的表达。由此，通过共时方法，呈现社会结构的各个要素发生作用的方式；通过历时叙述架构，呈现演变性和动态性。利奇在研究缅甸高地政治体系时，批驳了当时英国占主流的功能主义的观点，功能主义以马林诺夫斯基和埃文斯－普里查德等为代表，他们偏好均衡和静态社会，例如，马林诺夫斯基的统合整体（integrated whole）的观念，不考虑历史因素或不知道怎样将历史材料纳入概念框架中。他们对社会组织的理解与历史无关，描述优美明晰的虚幻社会，功能整合、社会团结、文化一致、结构均衡的社会，而将社会中导致急剧变迁的分裂和内在冲突称为失序和病态衰退。[①] 动态理论的应用，就是为了弥补这一缺陷，通过分析社会发展的动力和个人行动的原则，来探讨文化转型的动力。

乡村社会文化治理无疑是当下的命题，但不是一个与过去无涉的孤立状态，而是一个历史的过程，没有历史叙述的村落只是一个凝固的场景、一个不处于过去和未来之间的点，不是流动的历史的一部分。本节通过乡村社会文化治理与国家治理在历史上的演化，来说明制度是如何互相嵌入和变化的。观察和叙述制度演化的历史，尤其是形成对历史发展中变迁的理解对当下有重要的意义，在历史发展中的变迁，是绵延的过去和无限的未来时空坐标中的一个点。乡村治理是一个绵延的过程，变迁既指事物的变化过程，也指制度的替代、转换，即结构的转型，制度变迁是一种效益更高的制度对另一种制度的替代过程，也是人与人交易活动的制度结构的

---

① 埃德蒙·R. 利奇：《缅甸高地诸政治体系——对克钦社会结构的一项研究》，杨春宇、周歆红译，商务印书馆，2010。

改善过程。

一 传统的复线双轨结构时期

20世纪三四十年代，费孝通先生通过对乡村社会的权力结构进行分析，在《乡土中国》、《乡土重建》和《皇权与绅权》等一系列著作中，认为国家对乡村实行双轨制的权力控制，即传统的中国社会治理中存在两条平行轨道，一条是中央集权体制轨道，其中的官僚体系自上而下运行，由皇帝、官员和知识分子主导；另一条是基层自治轨道，由士绅等乡村精英以宗族为组织基础进行治理。① 费孝通的双轨制一经提出，在学术界引起了热烈的讨论，迄今仍被认为是对乡村社会极有说服力的解释。之后很多学者对乡村社会权力结构的研究大部分是围绕着对这一概念的证实或证伪进行的，在一些方面能达成基本共识，那就是：在理论层面，中国社会基本是一个威权主义社会；而在经验层面，在权力结构中，地方组织和民间社会分割了很大一部分权力资源。

从双轨制理论出发，本书认为，在帝制时代结束之前的中国社会，国家治理与乡村社会文化治理呈现复线双轨的结构特征，即国家的正式治理与乡村社会的文化治理形成复线并行的权力结构，这两条线皆较清晰，通过各自不同的方式进行运作和实现交流，双轨强调治理中两条线之间的双向交流。国家对乡村的直接控制力比较弱，权力触角并未直接延伸到乡村，限于宏观上的疆域控制，对乡村社会的治理主要通过宗族、乡绅及乡村社会文化治理系统间接实现。中央王朝也设计一套系统以保持在乡村社会的影响力，通过科举制度修筑了乡村向上联系和延伸的通道，在文化上通过礼仪的庶民化实现了使乡村社会意识形态化的企图。乡村社会保留着大量迥异于国家的象征符号与意义体系，以文化作为主要的黏合剂，形成自身治理的传统。在复线双轨治理结构下，国家与乡村社会的关系相对松散，国家对于乡村社会来说只是个"影子国家"，国家象征体系与乡村民俗保留着相当的距离，乡村自身具有紧密内聚的特征，形成闭塞而又有内

---

① 费孝通：《乡土中国》，江苏文艺出版社，2007。

生政治结构的单元。

治理中出现复线双轨结构，主要是基于节约统治成本的考虑。对中央王朝而言，乡村社会既是需要整合的国家统治疆域，也是资源汲取的对象。在经济上，国家需要在乡村社会获得农业经济剩余的分割权力；在政治上，国家需要乡村社会稳定、均衡。但中央专制主义政权的财政汲取能力不足以使其维持过于庞大的官僚系统，而且由于信息的传递较慢，国家难以有效控制庞大广袤的疆域全境。因此，放弃对乡村基层的直接控制而转为间接控制，节约了巨大的成本，在特定的情形下是明智的选择。

在这样的治理结构中，国家与乡村社会的关系十分微妙复杂。乡村社会文化治理系统成为连接国家与地方的机制，也获得很大的自主空间，甚至一定程度上能够对抗中央的威权统治。"皇权不下县"指长期存在的农业社会中，大多数王朝的国家机构都止于县，县之下的权力结构即乡村社会文化治理系统。乡村社会文化治理系统在各个朝代的具体称谓和管理方式不太相同，但其功能基本一致，是介于国家与乡族势力之间的应变机制。[①] 在某种意义上，它也扮演着国家与社会之间的缓冲器角色。在清末新政以前，国家对乡村的社会群体和地理空间的控制比较松散，基层社会的非正式权力机制开展与正式权力结构的动态博弈，并常常扮演着地方利益保护者的角色。从法律上讲，只有一条自上而下传达皇帝命令的途径，但在实际运用中，不合理的命令可以被官府衙役、地方选择的乡约或其他此类的媒介人物打回。[②]

以清代为例，清代村庄的政治结构事实上是双层的。国家政权设置了管理税务的里甲制度、管理治安的保甲制度和管理宣传的乡约制度。[③] 在实际的运作中，这三种管理职能常常合并于一人，即乡保。这样的制度理论上是国家政权与乡村共同体的衔接，但事实上，清政府官僚机构的末端是县，乡保并非由县政府直接任命，而是由当地内生权力结构产生的事实

① 　王铭铭：《走在乡土上——历史人类学札记》，中国人民大学出版社，2003。
② 　费孝通：《中国士绅——城乡关系论集》，赵旭东、秦志杰译，外语教学与研究出版社，2011。
③ 　黄宗智：《明清以来的乡村社会经济变迁：历史、理论与现实》（卷一），法律出版社，2014。

领导人物推选保举产生。乡保既不领薪酬，又承担催促交税等不易执行任务，身处地方、村庄势力和国家的夹隙之中，因此并不是受欢迎的角色。虽然在一些极端的案例中，一些乡保将滥用职权获取自身利益作为承担此职务的激励，但由于乡村权力势力比较均衡，这种现象不是十分普遍。因此，乡保并非国家政权代理人，乡村社会的真正权力核心由士绅阶层和宗族组织相结合产生，决定村庄重要事务。宗族组织的核心由富裕的士绅组成，为巩固族权，他们捐赠土地、开办学校、建立义仓等，事实上就是提供族内的公共产品。

就治理成效而言，与现代治理系统相比较，传统的复线双轨结构治理系统总体上呈现低水平均衡的特征，治理能力较弱，层次较低，但有其合理的内核。乡村地域共同体在长期的发展演变过程中形成了自身的特点和治理系统，这个治理系统是嵌入整个乡村社会文化网络中的，以文化认同为黏合剂，经过长时期的试错和纠错过程，形成了相对有效的治理机制。双轨制实现了王权和宗法权力的双重控制，王权系统实行自上而下的行政管理，宗法系统实行自下而上的地方自治，这两大系统构成基本的乡村权力结构。在双轨政治的形态下，帝国统治的合法性和有效性得以长期维系。

二　"国家政权建设"下的单线结构时期

"国家政权建设"（state-making）是查尔斯·蒂利（Charls Tilly）提出的，描述的是西方民族国家的形成过程中，政权官僚化并对下层实现渗透和控制的过程。这个过程与民族国家进程是一致的，是个不可逆转的过程，其相似之处包括：政权官僚化与合理化、为军事和民政扩大财源、乡村社会为反抗政权侵入和财政榨取而不断斗争，以及国家为巩固其权力与新的"精英"结成联盟。① 现代社会瓦解了国家与社会之间的藩篱，正如吉登斯所指出的那样，"作为现代性的社会的构成，不是一个美好的时代成长的历史，而与四种严厉的制度丛结密切相关，这就是高度监控、资本

---

① 杜赞奇：《文化、权力与国家——1900—1942 年的华北农村》，王福明译，江苏人民出版社，1996。

主义企业、工业生产及暴力的集中化"①。

在中国,"国家政权建设"是指现代化过程中以民族国家为中心的制度与文化整合措施、活动及过程,其基本目标是要建立一个合理化的、能对社会与全体民众进行有效动员与监控的政府或政权体系。② 这个过程大约从清末开始,基于内部压力如义和团起义和外部帝国主义入侵,建立一个强大的现代化国家政权的要求日益迫切。清末之后一直到新中国成立,我国的政权多次更迭,但"现代化"的意图和努力一直存在,国家政权建设的进程不断推进。国家与乡村的关系经历复杂的变化过程,乡村从相对独立、与国家保持距离的单元,逐渐演变为国家的行政细胞。在这个进程中国家通过各种意识形态和社会实践将自身构筑为一个想象的共同体,对乡村社会的渗透,政治上意在巩固政权,经济上意在深入基层、汲取财源。乡村社会逐渐接受民族国家的观念,将自己视为更大的政治和经济结构的一部分。

在这个阶段,国家治理与乡村社会文化治理的关系,呈现从复线双轨逐渐进入单线结构的特征,自上而下的国家治理逐渐销蚀乡村社会文化治理的基础。但国家治理全面统驭乡村的意图受限于经济发展、技术手段运用等,其控制手段不足以达到预期,为乡村社会留下很大的自我治理空间,基本延续了双轨制之下的特征,可称之为隐匿的复线双轨结构,乡村的自我治理依然顽强地存在,事实上也发挥着作用,并在适宜的条件下反弹。但是国家政权建设对乡村社会系统性的改变已经发生,改变在有的阶段十分缓慢,在某些阶段则较为激进,但总体而言,现代性确实逐渐侵蚀和改变着乡村社会的自我治理基础,从表面走向核心层面,造成某种程度的断裂,这一系列与传统的分离,被安东尼·吉登斯称为"现代性的后果"。

国家治理的目标首先是政治的整合,现代化不仅是由传统农业社会向

---

① 安东尼·吉登斯:《民族-国家与暴力》,胡宗泽、赵力涛译,生活·读书·新知三联书店,1998。
② 龙太江:《乡村社会的国家政权建设:一个未完成的历史课题——兼论国家政权建设中的集权与分权》,《天津社会科学》2001年第3期。

现代工业社会转变的过程，而且是由一个分散、互不联系且以族群为基础的地方性社会走向一个整体、相互联系并以国族为基础的现代国家的过程。[①] 清末以来，中国不断通过政治整合实现国家政权建设，手段包括了政权的制度设计、在行政上建立治理的结构。对乡村社会来说，基层地方政府的设计经历了多次变革，通过土地制度、财政和税赋制度，建立起政权的经济政治运作基础和合法性。除此之外，国家治理的一个重要步骤是民族国家文化认同的建设。民族国家已经在世界范围内成为国家主权合法性的表达，成为国际关系体系的现实。民族国家文化认同的建设与政治整合相辅相成，共同完成国家政权建设的目标。民族国家促成国内不同族群形成统一的民族意识和国家认同，这一表达在中国即是强调"中华民族"作为国族的身份认同。国族性的建构除了政治整合以外，还通过历史和传统的追溯建立合法性基础。政治整合愈是无法满足国族建构的需要，文化整合力度就愈大。[②] 在文化上，国家政权建设意在以大传统即"中华民族文化"全面覆盖小传统，这些小传统包括了地方文化、民间文化等。

国家治理在乡村社会的具体措施从清末新政开始运用，清末的新政反映出清王朝在政治、经济和文化上实现全面控制的意图。清政府通过保甲体系进行治安监控，通过里甲体系实现税收控制，通过设立社仓实现饥荒控制，通过设置乡约等手段实现思想控制。乡约宣讲体系反映了统治者针对文化水平低的乡人在思想上强化其认同的意图。政府先后颁布"六谕"、"圣谕"和"圣谕广训"，在乡村设置固定场所和人员，定期对农民进行宣讲，内容包括了社会关系、教育、生计和社会秩序等方面的规范与对乡民的要求。

20世纪50年代以后，在国家政权建设的进程中，国家在乡村的控制力进一步增强，乡村从土地制度到组织结构都发生了根本性的变革。相对应地，在文化上废除了传统的以家族组织、宗族组织甚或氏族部落制残余为基础的村社系统。国家与乡族势力相互博弈的结果，是乡族势力不断被

---

① 徐勇：《"回归国家"与现代国家的建构》，《东南学术》2006年第4期。
② 徐勇：《"回归国家"与现代国家的建构》，《东南学术》2006年第4期。

消解，原有的权威和法统几乎荡然无存，国家在社会中的权威性资源日渐增长，政府依靠国家的垄断性权力，在与地方性势力的博弈中获得了全面的胜利。"现代化过程中的国家政权完全忽视了文化网络中的各种资源，企图在文化网络之外建立新的政治体系，在现代化意识形态偏见影响下，国家政权力图斩断其同传统的，甚至被认为是落后的文化传统的联系。"① 在计划经济时代，政府通过构建三大相互支持的制度体系以达到获取农业资源的目的，这三大制度体系是控制农业生产过程的人民公社制度、控制农产品流通的统购统销制度以及控制农民流动的户籍制度。② 由于体制费用极端高昂，70年代末农村社会改革后，政府力量从农村社会实现大规模退却，但这种退却主要表现为对物质资源的直接控制放松，从宏观上看，国家权力和社会控制机制力量却并未减弱。

在这一阶段，国家治理与乡村社会文化治理的关系中，国家作为主导性的力量发挥作用，但乡村社会并非完全处于被动的状态。乡村作为社区共同体具有一定的稳定性，在前现代社会主要由氏族、家族、部族、地方性族群等共同体构成，对大部分农民来说，个人认同来源于家族、宗族、地方而非国家，所以，政权更迭和行政机构瓦解对乡村社会的冲击是外在的，乡村社会的稳定性表现出强韧的力量。杜赞奇在研究作为民族国家的中国的形成过程时，否认了民族是一个有内聚力的主体的假设，认为民族的观念也应包含斗争、协商和差异性。因此，他认为，民族国家认同并不能完全覆盖其他认同形式，作为新的身份认同，民族主义意识本身并不是一个独特的、前所未有的意识形态。虽然民族主义理论把自己置于表达网络中的特权地位，自视为一个囊括或维系其他认同的主身份认同，但实际上民族国家认同只是众多认同中的一个，与其他身份认同是可以互变互换、相冲突或和谐的。③ 从这个意义上，乡村社会的认同在民族国家认同外，作为共同体的其他认同方式而存在，自我治理的功能依然潜在地发挥

① 杜赞奇：《文化、权力与国家——1900—1942年的华北农村》，王福明译，江苏人民出版社，1996。
② 高彦彦：《城市偏向、城乡收入差距与中国农业增长》，《中国农村观察》2010年第5期。
③ 杜赞奇：《从民族国家拯救历史：民族主义话语与中国现代史研究》，王宪明等译，江苏人民出版社，2009。

着作用，但零碎性和非系统性的特征，影响了其治理功效。

三 新时代的相互调适时期

进入新时代，国家治理与乡村社会文化治理的关系进入一个新的时期，即相互调适的多元结构时期。国家坚持实现强有力的治理的清晰目标，推进治理体系现代化，不断强化在乡村社会的政权建设。但与全能主义时代不一样的是，国家让渡一部分权力，给予乡村社会一定的自主发展空间，以激活乡村社会自身的治理能力为导向，逐渐从全面控制向以制度供给和一般性的公共产品供给为主转变。乡村社会也发生了深刻的改变，文化治理的基础依然存在，以文化为黏合剂的自发性秩序也产生着作用，但是难以系统性地发挥功能，很多文化治理以碎片化的方式发生，因此，在挖掘自身治理传统的同时，需要与国家治理衔接。这个过程是双方力量博弈的过程，也是在治理理念、规则和方法上的互相调适以及逐步确立界限的过程。

国家作为治理的主要力量，通过一系列制度设计，试图减轻农民负担，将国家与农民的关系变为服务型，逐渐全面承担起在乡村的制度建设和公共产品供给上的责任。国家的制度设计囊括了宏观和微观层面，如村民自治制度建立、农村税费改革、"一事一议"制度建立等，这些成为国家与乡村关系变化的重要节点。在实施技术层面，近年来，借助现代信息技术的发展，通过村庄网格化等实现了精细化管理。这些制度设计力图在加强国家建设的同时，积极发挥乡村既有治理传统的作用，但事实上也带来一些始料未及的治理偏差和负面效应，如导致基层政府行为模式的改变和乡村公共服务的空缺等。基层政府尤其是县乡政府，曾经在国家与乡村社会之间起到沟通和连接作用，但在税制改革后，财政收入的主要部分开始由农业税费变成来自中央及上级政府的转移支付，而农村公共事业的支出责任也在调整和改革中逐渐上移。通过事权与支出责任的重新划分，县乡政府由"汲取型"政权变为"悬浮型"政权。① 县乡政府担负的决策责

---

① 周飞舟：《从汲取型政权到"悬浮型"政权——税费改革对国家与农民关系之影响》，《社会学研究》2006 年第 3 期。

任和资金责任很小，主要在激励机制下承担项目的执行责任，在这样的逻辑下，其将"可量化"、"易展示"和争夺政策福利作为行动的目标，选择性治理和形式化治理现象突出，乡村社会的公共服务成为短板。

对于村民来说，原有的文化系统只能承担低层次和小规模社会治理的责任，且效果具有很大的随机性，在传统治理结构大规模遭到解构的前提下，其治理功能的发挥更是受到限制，公共服务的目标主要依靠国家实现。但目前在国家对乡村整个治理机制的设计中没有乡村自身力量的参与，而且决策的上移、乡村公共事业支出责任的上移，进一步强化了自上而下的供给体制，使需求表达的链条变得更长，村民只能被动接受。另外，国家供给的公共服务注重宏观性和全局性，村民需要的特殊性和差异性产品无法顾及。当然，国家政策的设计也考虑到乡村公共产品的特征和自我治理的历史传统，但在实施中，强大的制度惯性和薄弱的乡村自治系统导致政策执行出现偏差。例如，2007 年，政府提出公共服务的"一事一议"制度，"一事一议"是指农村的公益事业和公共产品供给中，由村民大会或村民代表大会集体讨论做出决议，并筹集所需资金和劳务。"一事一议"制度设计的合理性在于，由于受益范围很小，村民的偏好容易表露。然而在具体实施中，这个制度虽取得一些效果，却未能完全实现其制度设计的初衷。从组织方式来看，以行政方式为主，没有真正考虑乡村的文化网络及其应该发挥的作用。组织"一事一议"的主体是村民委员会，村民委员会是自治组织，《中华人民共和国村民委员会组织法》明确规定村委会办理本村的公共事务和公益事业，但是由于其基本职能与运行原则与乡镇政府一致，村民委员会并不力图在村民与行政系统中保持平衡，而是倾向对乡镇政府行政部门负责，因此"一事一议"制度实质以行政制度的规则运行。村民参与"一事一议"的动机较弱，一方面，虽然村民是利益相关者，但其权利和主张缺乏制度性保障，村民认为自己并没有真正的决策权；另一方面，乡村社会对公共事务的热情消减，尤其是经济发展方式多样化以后，很大一部分村民将个体和家庭经济目标的实现放在比公共事务更高的位置上。因此"一事一议"制度设计未能完全实现社区内公共产品供给的初衷，有时反而导致村民与基层政府的矛盾，通过对基层政府和村民行为动机的分析，可以看出双方供给公共产品的意愿都较低。"一事一议"作为一种制度创新，由于相配套制度并未随之变革，未达到预期目的。在双方的博弈中，公共产品供给上村民和基层政府都将选择"不供给"作为占优策略，从而形成纳什均衡，未能摆脱低水平和非效率均衡，表露村民需求偏好的意愿难以实现。

当前的政策重心在于，在公共产品供给中，激活乡村自我治理的传统和热情，把正式制度与非正式制度结合起来，既不推卸政府应有的责任，又能保持民间社会的活力。治理主体应当多元，应把乡村从单一的行政单元逐渐恢复为具有自主意识的治理主体，与国家治理主体在目标上达成互补，以复合性的方式进行治理。

第四节　治理逻辑的分殊与包容

格尔茨在《尼加拉：十九世纪巴厘剧场国家》中讨论了村庄与国家的关系，他认为村庄（德萨）是自给自足的，是宇宙论层次上的基本机体单元，它本身具有封闭的特征。"虽然王朝、君主、王室和首都如走马灯一般乱纷纷来了又去，却不过是一幕幕辽远的奇景，天性质朴的村民们对如白云苍狗般变幻的主宰者几乎茫然不知，虽然他们一直在遭受盘剥，却又始终如故，在数百年中一如既往地过着日子。多么动人的画面啊，叫人愉悦的罗曼蒂克。"接下来，作者却笔锋一转，写道："然而这些都不过是一副虚假的画面，国家创造了村落，正如村落创造了国家。"[1] 因此，国家与社会虽表现出高度的异质性，却有着内在的紧密联系。国家治理与乡村社会文化治理错综复杂关系的表现，一是国家具有的内在治理逻辑，二是国家治理下沉到乡村时，受到乡村文化和社会结构的反作用力的方式。在这个复杂的互动过程中，国家与乡村社会在治理上的逻辑和目标的分殊，导致了其治理技术、治理手段的差异，最终影响到治理效果。

---

[1]　克利福德·格尔兹：《尼加拉：十九世纪巴厘剧场国家》，赵丙祥译，上海人民出版社，1999。

一　国家治理的逻辑

中国在秦朝时就建立了职业化的官僚体系，之后其不断得到精致化的发展，成为一个庞大的运作体系，但也伴随着周期性的波动和失败。在不同的时期，国家的治理呈现不同的特点，但一个始终如一的逻辑支配着国家的治理行为，这个逻辑可从成本收益平衡、激励与剩余控制、表述、项目偏好等方面来阐释。

（一）国家治理要考量治理收益与成本之间的平衡

实现有效治理成本非常高昂，这些成本包括庞大的科层制度行政开支、不可控风险带来的损失等，国家治理在权衡成本与治理收益时形成了取舍性的决策，尤其是统治风险被视为重要的变量，如果统治风险超出控制的能力，国家的治理倾向于减少收益而实现风险可控。因此，国家治理决策是否是有效性最大化的，取决于具体的情境。

（二）国家治理要制定有效的激励制度与剩余控制权的分配方式

国家往往需要通过让渡一部分剩余控制权形成激励，以达成治理目标。有效的激励需要配置庞大的监督和评价体系，而国家通过分配剩余控制权给其他主体，既能达到激励的目的又能实现治理目标，在科层系统内主要表现为升迁预期是正向激励，而升迁无望、降职和撤职构成负向激励。此外，剩余控制权的分配有时候超出了科层系统。历史上激励与剩余控制权分配在乡村地方社会主要表现为委托－代理制度的形成，国家委托地方士绅和准官员（如未正式进入国家行政序列的乡保等）对地方事务进行管理，尤其是在征税和地方秩序维持方面。而中央政权通过科举制度为士绅向上流动提供通道，并认可士绅和其他准官员对区域性公共事务的一定控制权，事实上就是分配剩余控制权的一种方式。这种简约治理的传统一直顽强地在中国社会治理中发挥作用，即使是在"国家全能主义"的人民公社时期。周其仁分析了国家对处于正式官僚体制等级之下的大队和生产队干部的激励机制，这一部分人由于刚性官员体制无法升迁，国家的激励在于默许他们控制农村经济剩余的生产和初级分配，由此获得剩余分享权。① 现代社会的"行政发包"也可看作分配剩余控制权的一种方式，即政府内部的上下级之间层层发包形成激励和控制。周黎安的研究解释了在垂直行政体系中，官员通过体制外发包进行行政事务处理的过程及其带来的收益。② 剩余控制权与责任及收益的划分往往是个复杂的博弈过程，双方都倾向于收益最大化，其边界需要进行不断的谈判和冲突才能形成，但这个边界是动态的，不断发生变化。国家基于自身风险的控制，不断在放与收之间调整其委托－代理政策。

（三）国家治理的表述倾向于综合、简单和指导性

国家政策简单、明晰并摒弃地方性知识，背后的逻辑在于国家面对复杂和难以处理的事实，只关注一些有代表性的特征，这种简单化反过来又会使事实处于视野中心位置而更清晰、更容易被度量和计算。通过简单化加上重复的观察可以就一些被选定的事实得出关于其总体和概况的结论，从而形成高度简化的知识，并使操纵和控制这些事实成为可能。③ 此外，治理的有效性在于对治理对象的清晰了解，由于高昂的信息收集和处理成本，国家治理无法洞悉所有的情境信息，因此，国家治理的表述倾向于清晰、明确和简单，使得治理范围和手段更为宽泛。国家治理着力于"顶层设计"，通过对地方赋权实现其治理目标，在赋权的过程中，针对地方政府建立引导和约束机制，既要审慎地引导"地方创新"，又要注意防范地方有选择性执行政策以及在转译政策中发生"道德风险"，尤其是在治理目标具有综合性、技术路径清晰度低、环境差异敏感度高的"复杂政策"领域。④

（四）国家治理偏好大型项目和"外显性、易量化"项目

国家具有强大的资源组织和动员能力，而国家的合法性在于其治理的

---

① 周其仁：《产权与制度变迁——中国改革的经验研究》（增订本），北京大学出版社，2004。

② 周黎安：《行政发包制》，《社会》2014 年第 6 期。

③ 詹姆斯·C. 斯科特：《国家的视角——那些试图改善人类状况的项目是如何失败的》（修订版），王晓毅译，社会科学文献出版社，2012。

④ 吕方、梅琳：《"复杂政策"与国家治理——基于国家连片开发扶贫项目的讨论》，《社会学研究》2017 年第 3 期。

有效性，因此，国家治理呈现不可遏制的大型项目偏好，在政策失衡的情况下，甚至发展出超大型项目偏好，通过这些项目展示治理的有效性，从而强化治理合法性。历史上大型项目的建设，往往与强化国家认同、展示权力荣耀相关，意义超出经济范畴。这些大型和超大型项目中体现出国家追求宏大、壮丽的政治美学，向民众和其他政权展示其政策复杂和行政技术高超的意愿。国家的外显项目偏好也基于同样的逻辑。在国家与社会力量悬殊的情况下，纠偏机制的缺乏，使这些偏好得到强化。

二 "主体 – 实践"特征下对国家治理的回应

国家治理与乡村社会的互动，通过两条主线表现出复杂的关系，一是中央与地方关系，二是国家与民众关系。[①] 国家治理下沉到乡村社会时，一方面要处理中央政府与乡村基层政府的层级关系，另一方面要处理国家与乡村社会文化、组织系统的运行关系。国家治理进入乡村社会，须经过一个很长的链条，延续国家治理的逻辑，将其通过行政层级向下传递。但是乡村社会不完全是一个被动的承受者，而是一个具有能动性的主体，通过自身的实践创造出新的形式，形成与国家治理不同的特点，具有"主体 – 实践"的特征。例如，国家治理过程中，大量的资源进入乡村，乡村社会试图充分利用这些资源，最大限度借用国家资源和符号合法化自身的行为。利用非物质文化遗产、公共文化服务和乡村文化产业等国家主流话语，乡村社会的传统节庆、仪式信仰等获得很大的复兴空间。乡村社会与国家组织结构的异质性，可能导致对国家治理目标的偏离和扭曲，也可能使国家借助乡村文化最大限度达成目标，这可以从不同于国家科层制度的地方内生权力结构、社会组织和地方性知识等方面得到阐释。因此，国家要实现其治理目标，就必须与乡村社会文化治理相互建构、调适和包容。

（一）双重角色下基层政权的行为逻辑

国家最基层的政权是乡镇一级，乡镇既是国家行政的末梢，又紧密根植于乡村社会的文化传统，往往具有双重的角色，既是国家的代理人，又

---

① 周雪光：《权威体制与有效治理：当代中国国家治理的制度逻辑》，《开放时代》2011 年第 10 期。

有地方的保护者的角色。到村一级，角色更为复杂。村民自治作为乡村社会的治理结构存在，1982 年的宪法把村民委员会界定为农村基层群众性自治组织，1983 年正式废除人民公社体制，村民自治在全国推广。乡村中组织农民、管理生产等工作，基层政权都是通过村委会来开展的，村委会部分反映着基层政权的意志，成为乡镇管理的延伸。为防止乡村与国家政权产生竞搏关系，乡镇政府（包括党委）采用一些方式从村民委员会分权，例如，建立村级党组织，由乡镇党委负责村党支部书记的选拔任用，经济上实行"村财乡管"，弱化村民委员会的职权。现有的村民自治制度，既有与基层政权的同构结构，又与乡村原有的社会传统保持联系。在基层行政系统中，作为国家层级系统的链条下端，上层级的政策和行政指令的完成，构成其主要的目标任务，基层政权的行为特征极大地体现了国家激励机制的作用，即以升迁作为核心激励目标进行行为架构和逻辑塑造。当然，仅以升迁作为行为的深层动机的分析尚流于简单化。关于对基层政权行为逻辑的解释，学术界发展出政治锦标赛[1]、项目制[2]、行政发包[3]等多种理论来解释基层政权应对国家治理措施发展出来的行为模式，还有的从国家财税体制改革来分析地方政府的行为逻辑。[4] 自上而下的执行中会产生一定程度的政策偏差和扭曲及政策执行偏好。国家向基层政权授权的过程，既有利于社会治理效率的提升，也会扩大道德风险，基层政权在这个过程中会利用信息优势和政策转译优势，扩充国家赋权产生的自由裁度空间，从而造成政策的偏差和扭曲。

除此之外，基层政权的行为逻辑与地方文化有着密切的关系，基层官员和村一级干部往往也是地方知识精英，作为政策的具体执行者，其态度和行为取决于多重考量。他们的身份一方面是国家工作人员，另一方面是生于斯长于斯的具体生命个体，他们深谙地方的社会结构、价值观念和行

---

① 周黎安：《转型中的地方政府：官员激励与治理》，格致出版社、上海人民出版社，2008。
② 折晓叶、陈婴婴：《项目制的分级运作机制和治理逻辑——对"项目进村"案例的社会学分析》，《中国社会科学》2011 年第 4 期。
③ 周黎安：《行政发包制》，《社会》2014 年第 6 期。
④ 周飞舟：《从汲取型政权到"悬浮型"政权——税费改革对国家与农民关系之影响》，《社会学研究》2006 年第 3 期。

事逻辑，其行为也会在"赢利型经纪"与"保护型经纪"之间切换。从历史上看，在动乱和王朝衰落时，地方知识精英倾向于维护地方文化系统，而在统治秩序较为平稳的时代，尤其是与政府的官职升迁体系实现了紧密的联系后，他们表现出利用文化权力改造传统资源以适应当时流行观念的努力。通常来说，忠君与效力朝廷是历代地方知识精英介入地方事务的意识形态，近代民族国家的观念兴起后，"多民族国家的统一"的历史观成为地方知识精英努力的核心。当前基层行政人员也具有同样的行为逻辑，他们是联结乡村社会与国家的中介力量，但其文化逻辑与治理策略有非稳定性特征。中间阶层如士绅阶层，是国家力量与宗族力量之间的糅合机制。士绅阶层通过科举制度和掌握地方性知识实现对上和对下的联结。现代制度的建构过程，就是科层制权威取代其他权威的过程，但是后者的社会治理机能在一定程度上仍然发挥着作用，并以新的方式出现，目前乡村不断出现的"新乡贤"实质上反映出地方知识精英参与治理这一传统的延续。

（二）内生权力结构与正式权力的博弈

乡村传统的内生权力结构，虽然不在国家正式行政体系之中，但事实上在乡村社会文化治理中发挥着作用，而且影响到国家正式治理的特征和效果。乡村内生权力结构可从组织系统和个体来分析，从组织系统来看，其体现为乡村权力结构中的组织及其特征，在乡村社会，一般认为是以宗族为特征的组织影响了地方社会治理。地方社会组织中，稳固且具有代表性的是宗族。宗族是由共同祖先所界定的父系群体，是中国社会组织的基本结构，系统化地集合了政治、经济与法律功能，作为民间社会的网络，联结了地域、血缘等方面关系。宗族的形态及发挥作用的方式因地理环境、生计模式而产生差异，不同宗族内部结构的紧密程度也大不相同，但在宗族这个基点上，国家与地方的关系问题，很大一部分被置换成国家与宗族的关系问题，宗族是国家实现基层社会治理的手段，宗族治理伴随着大量的仪式。

宗族作为地方社会的主要组织形式和内生权力结构，与正式制度形成博弈，既有相互黏结的部分，又因产生的内在机制不同而此消彼长。宗族势力在"晚期帝国时代"（the late imperial period）开始瓦解，中国从传统国家过渡为民族国家（nation-state）的进程，与国家社会结构的变迁相匹配，正式制度以理性介入地方社会治理。这正如马克斯·韦伯提出的科层制概念，其涉及官僚组织理性化，即在理性化基础上设定标准程序处理公共事务，具有目标明确、技术路径清晰、可复制和重复实践、可度量、消灭差异性等特征。① 宗族等内生权力结构与现代正式制度呈现此消彼长的状态，总的趋势是与现代生产方式相联系的现代制度取代乡村内生权力结构。对于现代性治理和传统文化治理，虽然总的趋势是前者不断强化而后者逐渐式微，但后者仍然保有强劲的生命力。乡村内生权力结构的顽强性在于它与日常生活相关联，日常生活的逻辑赋予传统治理方式长期延续的可能性，其社会治理的机能在一定程度上仍然发挥着作用，并以新的方式出现，仍以宗族为例，今天的宗族势力已经大为衰减，但其影响力是真实存在的。国家在乡村地方放松管控之后，出现大量的宗祠修建、宗谱修订的现象，宗族成为新的社会资本，人们以宗族为社会资本联结起来发展经济的案例层出不穷。

（三）情境化的地方性知识系统的影响

地方性知识深刻影响了社会治理的效果。"地方性知识"的概念作为阐释人类学的核心概念，发展出以文化持有者的内部视角来进行观察和认识的观念。地方性知识不仅仅是一套基于地方社会形成的客观知识系统和本土经验，还是一套符号系统和意义系统，体现着文化持有者的观念。当国家治理的政策施行于地方社会时，民众以自己的认知来理解和实践这个政策。因此，与地方性知识相对应的是现代科学理性系统，当国家治理以科学理性逻辑推行时，往往在存在地方性知识的乡村社会中难以达到预期的目的。

地方性知识对国家治理来说往往构成屏障，尤其是在前现代社会，地方性知识是对地方社会的一种保护。政治人类学家斯科特以语言为例说明了地方性知识的作用，他认为，最有效地守卫社会的可能恰恰是不同语言带来的文化障碍，它使一个社会对内部人而言很容易接近、进入，但对外

---

① 马克斯·韦伯：《社会学的基本概念》，顾忠华译，广西师范大学出版社，2005。

来者是不透明的。语言里沉淀了独特的历史、文学、神话和音乐的过去，从这个角度看，独特的语言对国家知识传播已经构成了巨大的障碍，更不用说殖民化、控制、操纵、指令和宣传了。对外来者保持相对模糊性可以提供政治安全的边界，而使地方社会不被外来精英控制。国家在治理中企图实现"全景敞视主义"，即在空间中通过创造一种全方位凝视的权力来实现社会监管。地方性知识的遮蔽作用构成国家监管的视觉障碍，国家企图用现代性来对其进行瓦解，以标准化知识系统构建来解构地方性知识，以达成治理的目标，但结果恰恰事与愿违。斯科特试图论证"那些试图改善人类的项目是如何失败的"，用苏维埃集体化、坦桑尼亚的强制村庄化等宏大的社会项目的失败案例，说明了忽视地方性知识是失败的根源。他以希腊语"米提斯"称呼这些地方性知识，"米提斯"包括了本土技术知识、民间智慧、实践技能等世代相传但比较模糊而庞杂的知识系统。他认为，国家正式制度很大程度上寄生于非正式过程。① 正是对"米提斯"的忽视甚至蔑视，使国家治理遭到失败。

从社会治理的角度看，地方性知识决定了乡村社会对国家治理政策的认知框架，从而造成了政策的地方性变异，事实上影响了治理的效果。国家治理以科学和理性的合法性，获得被认为是不证自明的权力和自信，将地方性知识贬低为无知、落后的产物或谎言。虽然国家往往怀抱着良好的意愿和现代化使命进行社会治理，但如果忽视甚至贬抑地方性知识，治理就不能取得良好的预期效果，甚至会造成灾难性的后果。而民众将国家治理的相关政策，看作与他们生活关系不大的演示，依然按照自身的文化框架和日常生活经验处理公共事务。由于治理结构没有考虑到文化的重要作用，同样的政策在不同地区实践效果的差异很大，这些差异表现为区域、民族差异等，根本上来说，是文化的差异。

三　国家与乡村社会的良性紧张与包容性发展

在国家治理下沉到乡村社会的过程中，可以观察到权力如何流动并塑

---

① 詹姆斯·C. 斯科特：《国家的视角——那些试图改善人类状况的项目是如何失败的》（修订版），王晓毅译，社会科学文献出版社，2012。

造了国家与乡村社会双方的关系。一般而言，人们认为国家具有典范中心的地位，将其视为权力的核心或顶层，权力由上至下流动。但事实上，乡村社会的情形更加复杂。格尔茨分析 19 世纪巴厘国家政权时认为，权力不是从权威的巅峰开始向下流动，也不是从能量中心向外扩散，恰恰相反，权力是从底部开始积聚。① 他的分析打破了集权国家权力单向流动的固见，事实上，即使是在帝制中国时代，权力也不是单向流动的，而是形成错综的、彼此牵制的关系，乡村社会的权力及其走向在国家治理目标实现中并不是可以忽视的要素。正如费孝通认为的那样，"政治决不能只在自上而下的单轨上运行，一个健全的、能持久的政治必须是上通下达、来往自如的双轨形式"②。

国家与乡村社会治理目标和手段的差异性导致了双方的紧张关系，多重不一的目标和利益的博弈是社会的常态，带来竞争与妥协。这个紧张关系并不意味着治理的危机，良性和适度的紧张有利于双方的调适，经过不断试错和纠错，形成双方合理的边界。国家治理常常过于倚重行政逻辑，行政越界过多，对社会的干预过多。在具体的治理实践中，可以观察到行政逻辑强化的例子，尤其是在乡村社会的治理中，往往将治理的收效甚微归结为行政执行力不足，从而更加强化行政逻辑，形成了乡村社会治理的"内卷化"，即不断强化行政力和输入资源，却没有产生更多的治理收益。而对乡村社会来说，过于强大的行政力量之下，其行为似乎归于行政约束之中，但"弱者的武器"往往形成与行政力量的消极对抗。

目前的社会治理中，应该重新调整国家与乡村社会的关系，不宜过分压缩乡村社会的发展空间，要让乡村社会享有更多的自主权，认可差异性，并借助乡村社会的内部结构性力量形成治理效力。使乡村社会按照自身的逻辑来运转，从而对国家治理的具体措施执行做出良性的反馈，形成包容性发展，即国家与乡村社会共同发展，发挥国家行政动员和资源集中能力以及乡村社会的治理功能，从而促进国家整体福祉的增长。

---

① 克利福德·格尔兹：《尼加拉：十九世纪巴厘剧场国家》，赵丙祥译，上海人民出版社，1999。
② 费孝通：《乡土中国》，江苏文艺出版社，2007。

第六章 乡村社会文化治理的实践

——基于大理滇沙的观察

文化治理是一个宏大话题，由于文化类型的多样性和治理的复杂性，很难将从一地的文化特征推导出的结论作为普适性的经验验证。但是基于某一田野点的考察，当排除了异质性特征后，仍然可以部分地用于对普适性理论提出证实和证伪。正是基于这样的考虑，本书选取大理州剑川县的滇沙作为研究乡村社会文化治理的田野点，在前述的理论研究之后，力求在田野点中发展对细节的描述，逼近村民的日常生活的肌理，将治理的宏大叙事和宏观结构在村民的"日常生活"中展现，并力图构建一个整体性的框架。从韦伯到西美尔、列斐伏尔，对日常生活的研究逐渐成为一个重要的学术范畴，匈牙利学者阿格妮丝·赫勒分析了日常生活的一般图式和基本结构，这些研究构成了"日常生活转向"的重大学术范式转型。治理的宏大概念并没有进入本地人的思想意识，但治理已经在日常的生活中践行。通过对田野点村民的日常生活的观察，在这些琐琐碎碎的日常图景中，可以看到文化治理的内在结构、运行逻辑等。

第一节 田野点的锚定

一 为什么是滇沙

滇沙隶属于大理州剑川县，位于大理古城和丽江古城之间，处在通往西藏的传统经济文化通道——茶马古道上，唐宋至明清以来是繁华的驿站和集市。茶马古道的经济功能消失以后，滇沙就沉寂下来。1961 年，紧邻滇沙的石宝山石窟被认定为国家第一批重点文物保护单位，原因在于其摩崖石刻反映了南诏、大理国时期佛教的发展，但滇沙并没有引起任何的注意。这是因为石宝山石窟反映的是国家政治、宗教和历史宏大叙事的相关讯息，被置于政治共同体的核心框架内，因此受到重视。而反映民众日常生活和特定时期文化特质的滇沙，并没有传达出典范历史的讯息，一直处于边缘地位，虽然处于以旅游为主导产业的大理州辖下，但其交通通达性并不好，在大理州发展旅游产业的早期阶段，剑川并没有进入政府发展规划的范围。

自 20 世纪 80 年代开始，茶马古道的文化价值被重新评估，逐渐从一个学术概念变成了大众文化符号，茶马古道上的系列古镇逐渐被发掘，滇沙也在这时被一些小众人群注意到，但其知名度还比较低。滇沙古镇进入公众的视野，是在 2001 年滇沙寺登街被世界纪念性建筑基金会（WMF）列入 101 处"世界濒危建筑遗产名录"后。2003 年开始，瑞士联邦理工大学的空间与景观研究所（IRL）与剑川县政府联合开展"滇沙复兴工程"，对滇沙镇寺登街进行修复。获得被权威机构和学术话语加持的荣耀，又适逢消费主义兴起和大众文化形成潮流，滇沙越来越受到公众的关注。2013 年，新修的大丽高速公路开通，剑川成为旅游环线的一个重要节点，高速公路沿线的大幅广告牌不断地宣传着剑川的山水风景和民间手工艺，滇沙的旅游业迅速发展起来，大量的商家和游客开始进入。一般经高速公路到达剑川县城后，换乘乡村公交，经过坎坷的乡村公路，环山绕行三十多公里后，才能到达四面被青山环抱、风景灵动秀美的滇沙，这种群山中相对和缓的河谷和平地在云南被称为"坝子"。

本书选择滇沙作为田野点，是基于其具有文化治理的典型性、动态性和复杂性特征，具体有以下几点考虑。

第一，滇沙呈现从"单一社区"向"复杂社区"和"流动社区"的转变。滇沙的乡村社会曾经长期保持相对静态性，是一个"单一社区"，其文化和生活方式的传统保存较好，文化多样性特征突出，节庆典礼仪式丰富，历史层累性特征突出，是一个强文化记忆型社区，各类丰富的文化传统反映出文化治理的特征。近年来由于旅游业的发展，滇沙社会发生急剧变化，成为多元混生和多元融合的特殊场域。根据之前关于村庄的内部结构对集体行动和自我供给公共产品意愿影响的分析，滇沙属于第二类村庄，即紧密内聚、经济分化程度高、文化认同程度高、达成集体行动和提供公共产品意愿高的类型。一个颇为流行的假设认为，现代性是摧毁传统文化的首要因素，在急剧变迁的社会中内在的冲突和分裂造成传统的土崩瓦解。而对滇沙的田野观察发现，新兴的旅游市场借助地域文化获得文化消费的营销点，地方传统文化由此获得认可与发掘，展现了传统文化的弹性和稳定性。在这个过程中，多元力量介入文化治理。本书希望通过滇沙案例说明，现代社会的兴起并不会终结在后现代性出现之前业已存在的持久的社会过程，持续的和突生的社会过程是并存的，紧要的任务是发展更为有效的方法论来研究它们之间的关系。①

第二，滇沙完整的聚落形态为文化治理的研究提供了可观察的物质和文化空间。由于通道经济功能的消失和高山大川的阻隔，滇沙原初的聚落形态得以完整保存。滇沙是传统集市贸易的核心，历史上多次经历战乱，建筑屡次被毁坏又重建，今天看到的格局基本上是元末至 19 世纪末形成的。保存最为完好的是寺登街，分布着寺庙、古戏台、商铺、马店、红砂石板街、百年古树、古巷道、寨门等。除了寺登街外，滇沙其他村落均不同程度地保留着历史悠久的古井、照壁和戏台等建筑。历史上商贸和文化活动的痕迹，以建筑的样式凝固下来，特定的空间形式和建筑场所反映着文化价值和社会结构，物质空间也可以让我们更好地理解民众的日常生活，以及这些日常生活如何实践着文化的理念。今天人们仍然在这些空间中活动着，四面涌来的游客替代了过往的马帮和客商，人的活动在不同时期叠加在相同的空间中，构成了空间过程（spatial process），也推动了空间的生产，不同时期空间的演变和治理反映了社会结构和再结构的动态性。②

第三，在行政治理方面，滇沙由县、乡、村等进行多级管辖，但这些机构之间并不全是垂直的行政关系，传统社会的文化治理与现代科层制的规范治理交叠，尤其是在文化产业、经济发展和文化强县的政治锦标赛逻

---

① 约翰·R. 霍尔、玛丽·乔·尼兹：《文化：社会学的视野》，周晓虹、徐彬译，商务印书馆，2004。

② 赵世瑜：《在空间中理解时间：从区域社会史到历史人类学》，北京大学出版社，2017。

辑下，可以观察到各级政府在此进行治理的逻辑和各个治理主体之间展开的角逐。

二 发现滇沙

从行政区划来说，滇沙是乡镇级建制，下辖 14 个行政村 49 个自然村，有白、汉、彝、傈僳等世居民族，其中白族人口比例最高，达到 84%。但本书指称的滇沙是一个区域，是文化概念而非行政概念，也就是说，本书中所称的"滇沙"，与行政区划上的滇沙不完全重合。行政区划变动比较频繁，历史上不断有名称改动和管辖范围的重新划分，仅自 1949 年中华人民共和国成立以来，这里先后被设置为剑川县第 × 区、滇沙公社、滇沙区、滇沙乡、滇沙镇。而本地民众认识中的区域是基于历史、地方感、文化、仪式等多种视角形成的，也与本地民众心目中的特定的空间观念相关。区域不等同于固定的行政区划，根本上说，区域是个文化概念，是由历史本身形成及建构出来的具有内在相似性的空间，强调区域的内在"结构"和"结构的过程"，也就是强调其动态性。而区划是行政概念，行政上的布局反映的是国家行政治理的思路。行政区划当然会直接或间接地影响区域观念，但区域观念的变化显然缓慢得多，具有相当的稳态性。本书指称的滇沙，在具体地域上更多地聚焦于以滇沙镇寺登村为核心的古镇区域，也会涉及周围的其他村庄，在观念上指历史上形成的具有特定文化经济特征的地域社会。民众对行政区划的变动是比较疏离、不敏感的，大多数民众并不关心如何变化，在地名的使用上也依循旧例。本地民众对地名的使用有细微的差异性；在各类外来群体的认知中，"滇沙"一词则有大致相同的意涵。外来群体，例如游客、商铺经营者，都笼统地将寺登街及其周边称为滇沙。本地民众则有着严格的区分，滇沙坝子各个村落的村民会称自己为滇沙人，而寺登村的村民只称自己为寺登村人，强调自己是"街上的"，当被称为滇沙人时则会面露不悦之色并予以纠正，在他们心目中，寺登街具有区域性的中心地位。

从自然地理来看，滇沙位于滇西北横断山中段、剑川县东南，是一个四面环山的小的坝子，西边是因石窟和摩崖造像闻名的石宝山。滇沙坝子中央隆起一个小山包，称为鳌峰山。黑惠江由北至南纵贯全坝，也使滇沙成为更大水系的一部分。黑惠江属于澜沧江水系，发源于剑川县城附近的剑湖，从滇沙坝子北部河谷进入滇沙镇，最终流入澜沧江，整体处于澜沧江、怒江、金沙江三江自然保护区域内。鳌峰山"鳌头"的位置，黑惠江S形大弯环的顶端，就是滇沙的核心区域寺登街的所在。历史上寺登街被称为"南塘"，兴教寺建成以后，才改名为寺登街，寺登街的"寺"指"兴教寺"，"登"是白语，意思是"地方"，因此，寺登街意为"兴教寺那里的集市"。2001年，世界纪念性建筑基金会把滇沙寺登街列入"世界濒危建筑遗产名录"时，称其为"茶马古道上唯一幸存的集市，有完整无缺的戏台、客栈、寺庙和寨门，使这个连接西藏和南亚的集市相当完备"。

滇沙历史上通过各类交通与外界发生联系，北可进藏区，西经云龙、永平、保山出缅甸。滇沙是南方丝绸之路中的蜀身毒道和茶马古道上的交通要冲，处于汉文化区域的西南边缘、青藏文化区域的东南边缘和东南亚小乘佛教文化区域的北部边缘的重合处，由于处于多种文化相交汇的文化区域内，受到多重文化的浸润，体现出土、巫、佛、儒、道融汇的文化特质。

三　因流动兴起的集镇

滇沙当前的形态与其历史的发展密不可分，不了解它的过去就无法谈论它的现状和未来。正如历史学家蒂利说的那样，"没有历史的社会学就像是好莱坞道具，有着壮观的布景，甚至可能有出色的景象，但在这些景象背后空空如也，没有人物、没有内容"[1]。滇沙的历史呈现一个显著的特色，就是与物的流动息息相关，物的流动塑造了当今滇沙的社会结构和文化特征。关于西南地区物的流动，大致有三种关注点不同的研究，分别为：族群间物品流动的研究，以"茶马互市"、民族贸易、集镇的研究为代表；朝贡方物的研究，以土司制度的研究为主；域外物品流动的研究，

---

① Charles Tilly，"History and Sociological Imagining，" *La Revue Tocqueville* 15（1994）：57 – 72.

主要有南方丝绸之路、西南民族对外交通史和跨境民族的研究。① 这些研究表明，物流动的过程中，在空间上有的形成了线性的商贸通道，如茶马古道、南方丝绸之路，有的形成了分布于线性通道上的节点，如集镇，表现为人口、经济和文化在空间上的积聚形态。同时，物的流动过程也是文化的流动和交融叠加的过程。

滇沙集镇的兴盛与两种物的流动密切相关，一是茶，二是盐。西藏饮茶风尚极盛，对茶的需求很大，在频繁的茶交易过程中，形成了茶马古道。茶马古道源于古代西南边疆的茶马互市，兴于唐宋，盛于明清，是指存在于中国西南地区、以马帮为主要交通工具的民间国际商贸通道，茶马古道分川藏、滇藏两线，是中国西南民族经济文化交流的走廊，交易的货物除了茶叶、马匹外，还包括生丝、皮货、药材等。云南的产茶区主要位于澜沧江中下游的西双版纳、普洱、临沧，茶叶由产茶区到达集散地大理，茶马古道的滇藏线线路从这里开始，经大理、丽江、香格里拉、德钦进入西藏拉萨，再由西藏各地进入南亚的不丹、尼泊尔、印度等国境内，然后延伸到达更为遥远的西亚和东非红海海岸。

滇沙就位于滇藏茶马古道上，成为云南腹地沟通西藏、四川和东南亚的马帮交通线上的重要站点。唐宋时期，南诏（649～902 年）、大理国（937～1254 年）在西南地区成为独立的区域性政权，作为中央朝廷与吐蕃政权的缓冲地带和连接纽带，是茶马古道的主要途经地。滇沙集市贸易不断兴盛，逐渐形成以茶、盐交易为主，同时有马、药材、手工业品等物资交易的贸易网络。从唐代至民国，1200 多年间，滇沙区域性的贸易集市从未中断过。

茶马古道的路线穿越地形复杂的横断山系以及金沙江、澜沧江和怒江，地质时期板块剧烈挤压形成的南北向的皱褶山脉，造就了横断山系高山耸立、峡谷险峻的地貌，峡谷间大江湍急奔涌。马帮小心翼翼地穿行于陡峭的悬崖和奔腾的江水之间，当到达滇沙时，停下来做短暂的休整，并进行商贸和宗教活动。滇沙在盐业贸易和茶叶贸易中有重要作用，而且因

---

① 舒瑜：《从清末到民国云南诺邓盐的"交换圈"》，《西南民族大学学报》（人文社科版）2010 年第 7 期。

为北面的群山挡住了哈巴雪山和玉龙雪山的寒流，气候适宜，物产丰富，尤其适宜稻作，是当时滇西的重要产米区之一，根据《徐霞客游记》的记载，滇沙"所出米谷甚盛，剑川州皆来取足焉"。物产充裕、气候温和舒适，加之便利的交通网络，使滇沙成为商贸和马帮歇息的理想区域。

盐是古代重要的物资，关系国计民生。盐业生产是一个复杂的过程，需要相关的知识技能，也需要大量的劳动力协同劳作。盐业税是历代的重要税收来源，凡产盐之地，必有官府的介入。盐的生产贸易必然会导致人口的聚合和集镇的形成。滇沙镇本身并不产盐，但周围有盐井分布，有名的四大盐井分别为弥沙、乔后、诺邓和喇鸡盐井。唐代以后，滇沙西南的弥沙挖掘盐井，由于弥沙地势狭窄，不便贸易集散，不得不到邻近的滇沙坝子交易，据《云南盐政纪要》记载，弥沙井在滇沙设有销售盐的"官店"，私盐贩子也纷纷到这里交易。明朝永乐二十年（1422 年），乔后开始挖掘盐井，乔后也在黑惠江流域内，与滇沙坝子相连。明朝时，政府在滇沙坝子西部的云龙诺邓盐井设立"五井盐课提举司"，又发掘了位于滇沙西北部的兰州喇鸡盐井。乔后和弥沙的盐要到鹤庆必须经过滇沙，滇沙渐渐成为西藏和滇西北区域性盐集散地和交易中心。

盐和茶马的交易主要通过人背马驮，马帮在贸易中起着积极的作用，到清末民初，云南形成了一些大的马帮组织。滇沙寺登街的建筑留有当年马帮兴盛的印记，除了大量供客商投宿的马店外，还有一些因马帮发迹的马锅头修建的宅子。马锅头是马帮头领，滇沙许多马锅头因往来商业贸易发迹，如欧阳家、赵家、陈家、杨家、李家等的马锅头。在寺登街，完整保留下来的显赫的马锅头的住宅有 30 多处。据欧阳家家谱记载，欧阳家从江西庐陵（今吉安）迁来，家族中有人考取贡生，后又有人成为滇沙最富有的马锅头，建了白族典型的三坊一照壁民居，即现在寺登街最典型的白族民居之一的欧阳大院，欧阳大院于民国元年（1912 年）动工，历时五年建成，但墙面装饰画则到 1919 年才完成。大院建筑繁复精致，雕梁画栋，除了有民居功能外，也作马店用，甚至在院内就有为住店客人提供的小戏台。

滇沙是线性文化廊道上的重要节点，在这条通道上不仅有物的流动，也有观念、价值和思想的多维度持续交流和相互滋养。马林诺夫斯基在《西太平洋上的航海者》中认为，土著人交换的不仅仅是物，他们交换的东西也与声望、权力、地位相关，还与神话、巫术、仪式相联系。[1] 滇沙在茶马古道上，不仅仅是物资补给站，还是文化、仪式和宗教的活动中心，尤其是南诏、大理国佛教文化活动中心。

第二节 空间的表征与治理

一 功能性与虚拟性界定的边界

空间包含着分类观念，空间形式往往是该社会宇宙观的隐喻和象征。在乡村社会，空间的划分与行政区划不一定完全重合，不同的守护神和寺庙划分了辖界，反映了乡村的空间观念。村庄空间划分有明显的边界感和内聚性，区域的边界不仅是空间的物理标志或者符号标志，而且用来指明场所的时空组织以何种方式被安排在更加广泛的社会系统之中，这种区域化提供了一个时空闭合的区域，形成了某种时空社会的封闭性。[2] 寺登街是滇沙的核心区域，其边界和中心的界定，反映了本地人的思想图式。边界主要由具有具体功能性的寨门和民间信仰的本土保护神来界定，并反映在人们的观念形态中，滇沙的边界是由具体的功能性和虚拟的神灵庇佑来共同确定的，处于核心位置的兴教寺和魁星阁，反映了人们思想观念中宗教、民间信仰与公共生活的中心地位。

寺登街西边紧靠鳌峰山，荆棘丛生，成为天然屏障，因此未建寨门。南、北、东三座寨门界定了其边界，明朝时期，由于私盐贩卖兴盛，匪患猖獗，为保证村民安全和往来客商的正常贸易，公共安全成为滇沙的重要议题。祖籍滇沙的太学生段良辞官返乡，捐资修建三座寨门作防御之用，并在西边附近山上重整马坪关作为外围屏障，马坪关至今犹然存在。马坪

---

① 布罗尼斯拉夫·马林诺夫斯基：《西太平洋上的航海者》，张云江译，中国社会科学出版社，2009。

② 潘泽泉：《社会空间的极化与隔离：一项有关城市空间消费的社会学分析》，《社会科学》2005 年第 1 期。

关修整好后，又陆续在滇沙其他三个方向建立起关卡。东边的大折坡哨、北边的明涧哨、南边的大树关与马坪关合称为"滇沙四卡"，除了保护和防御功能外，西卡和南卡也成为政府收取盐税的关卡。滇沙社会强烈的"村落共同体"意识或与历史上长期应对匪患相关，集体安全的需求有利于构建共同体意识。今天，虽然公共安全的担忧已经不复存在，但滇沙的遗存聚落形态还是强烈体现出历史上集体防御的努力。当前三座寨门联结不同方向的对外通道，东门被当地人称为"街子门"，为土坯拱券，并融合了白族的三滴水照壁特征，出寨门地形比较开阔，100 米远处黑惠江逶迤流淌，江上横跨玉津桥。当年长途跋涉的马帮，在清脆的马铃声中，风尘仆仆地踏上玉津桥的拱形红砂石路面，东寨门便映入眼帘，可以想见他们对即将到来的短暂休整的喜悦和期待。南北寨门建成碉楼样式，反映出其防御的目的，随着集市贸易和防御目的的消失，寨门也渐渐破败，南寨门在 1997 年创建"十星级文明村、文明户"时被拆除，2003 年，"滇沙复兴工程"修复项目实施后，修复了南寨门，北寨门至今未复原。

四方街是寺登街的中心区域，是一个四方形的小广场。古集镇的民居和商铺沿着四方街和东、北、南三条街巷布局，寺登街的主要通道是南北方向的，往来藏族马帮都要经过通往南北寨门的两条巷子，寺登街这两条巷子最为繁华。白族语言中藏族人被称为"古宗子"，据明人杨慎在《南诏野史》中记载，"古宗"为"西番别种，皆辫发百绺，男戴红缨，穿氆氇，挂铜铃佩刀，女饰以珊瑚、银泡，披腊瓦被单"，"取牛羊乳酥调油茶而食"。街巷因此得名"南古宗巷""北古宗巷"，商铺和马店就顺着巷道延伸铺陈。现存的建筑主要有坐落于寺登街南面的李姓马店、北面的赵姓马店和西北侧的欧阳马店。

从聚落形态上看，寨门界定了寺登街的范围，但是边界的界定，除了有形的建筑形态外，还通过其他方式表达。在滇沙，每年的二月八太子节活动中，一个重要的项目是众人抬释迦牟尼太子像巡游四寨门，游街门的活动明确了当地人对空间的建构意识，通过神佛的空间占领实践村民的空间占有。此外，在寺登街的周围，四个方向均有本地民间信仰神灵的简单神龛。东边玉津桥边，供奉着土地和河神；寺登村其他几个方向，当房屋渐渐稀少、快走出村庄的范围时，都有神灵供奉，一般为土地和龙王。这些界定村界的神灵皆形象敦厚矮小，属于神灵系统中的最低层级，在村民的心中，他们在四周为社区提供着保护与庇佑。

二　公共生活场所与中心

滇沙核心区由"寺""街""阁"组成，"寺"即兴教寺，"街"即四方街，"阁"即魁星阁戏台，核心区集合了信仰、商品交易功能。滇沙的宗教信仰特色与大理其他地区相比并无特别之处，但是兴教寺的修建与滇沙的集市贸易发展有很大的关系。

四方街是当年集市交易的中心，光绪三十年（1904年）由本地贡生出资，铺设了当地所产的红砂石，保存使用至今。今天的四方街南北长60余米，东西宽20余米。街心原有两棵对称的大树，但一棵于2004年折断。兴教寺位于四方街正中西侧，东侧建魁星阁戏台。魁星阁坐东朝西，正对兴教寺大门，从兴教寺正殿到魁星阁形成120米的中轴线，这条中轴线将四方街平分为南北两部分，这样的建筑方式有着强烈的中心化意味。

魁星阁戏台建于清朝嘉庆年间，是三层建筑，最上一层是魁星阁，中层为戏台，底层为商铺。魁星阁是当地人民供奉魁星的地方，魁星是二十八星宿之一，后被道教尊为主宰文运的神，作为文昌帝君的侍神。凡是出了秀才的村子，都可以建魁星阁表彰文功。到清朝光绪年间，滇沙坝子建魁星阁十几座，马坪关、下科村、段家登等村都建有魁星阁。整个大理地区虽位于帝国西南边陲，但对"正统儒家文化"和科举十分热衷，这与大理由地方独立政权到中央帝国边陲的转变过程不无关联，这个过程深刻影响了当地民众的认同，少数民族表现出对汉族身份的渴望，希望与汉族共享一套文化系统。在大理州，即使是寻常农户人家，在照壁和对联中，也随处可看到"听水韵如琴，观云奇似画""冬吟白雪诗，夏赏绿荷池，春游芳草地，秋饮黄花酒"等风雅字句，反映出此地文化传统，而滇沙魁星阁的出现反映出帝国正统文化对边地的深刻浸润。

古戏台建于魁星阁之下，为附属的结构，其原初功能是娱神，依兴教寺中轴线而建的初衷，在于表演戏剧以取悦神灵，后发展出娱人和教育的功能。洱海地区的乡村戏台是民俗节日庆典、社戏以及丰年祭、歌舞戏剧演出和地方"洞经会"举办的主要空间。每年二月八太子节、火把节等民俗活动中戏台也扮演着重要角色，近年来，地方政府考虑到火把节的安全隐患，已经将火把节的点火场所移到古镇之外。

圣谕会是明清两代的社会教化运动，成为全国性的制度始于清朝乾隆年间，圣谕由皇帝亲自撰写颁布，内容为训诫人民孝顺恭上、和睦邻里等，礼部给乾隆的上奏中指出圣谕会可以教化不知"礼仪法度"的"小民乡愚"和"无识之徒"。圣谕会的目的在于教化和思想控制，由乡约在公所定期向民众宣讲，这个系统推行到最下层的民间社会，甚至是被视为"蛮荒"的少数民族地区，滇沙的圣谕会宣讲一直持续到民国初年。

滇沙的核心区域，神圣空间、世俗生活空间和经济空间是重合的，传统上就是公共生活的场域，滇沙几乎所有的公共生活都在这里展开，包括葬礼中的路祭也要来这里举行，这些活动使得滇沙成为一个真正意义上的社区，社会秩序通过各种典礼仪式传达的社会规范来维系。

三　兴教寺：一个被反复叙述和争夺的场域
——基于空间文化治理的案例

任何一个进入滇沙古镇的游客，都会注意到兴教寺右侧墙壁上的巨幅标语——"中国要富强，民族要兴旺，人口要控制"，已经略微褪色的红色油漆，使得其不太触目，又恰到好处地传达着历史感，把人们拉回到宏大叙事流行和身体被严格管理的时代，与坐在标语下悠闲喝咖啡的人们形成一个有趣的空间折叠的比照。列斐伏尔认为，空间渗透着多种社会关系，不仅被社会关系支持，也生产社会关系和被社会关系生产。[①] 空间是社会关系的角力场，对空间的占有和控制是社会权力的直接映射，这就是"空间的争夺"。兴教寺是标志性和核心的区域，犹如一个剧场，几百年主角来来去去，布景不断变换。历史上这个空间的功能数次发生变化，成为一个被反复叙述和争夺的场域，在场域的变化中，兴教寺经历了神圣化、

---

① 亨利·列斐伏尔：《空间：社会产物与使用价值》，王志弘译，载包亚明主编《现代性与空间的生产》，上海教育出版社，2003。

污名化的叙述，后又以重点文物保护单位的评定获得合法性与正当性。兴教寺的空间变迁，是从神圣空间到去神圣化形成革命空间，再到之后的文化空间，更多的时候，这个空间不是单一的，而是杂糅的。在今天滇沙旅游开发的场景下，兴教寺成为一个被大众（陌生人、游客、学术研究者、艺术从业者等）凝视的空间、被官方指认及收编的空间、被商业主体利用的空间。空间的变化反映了地方民众和其他力量意识的调适、冲突与博弈。兴教寺不只是一个物理空间，更是一个社会空间，充满了国家、社会和市场等利益主体的互动和争夺，成为文化治理分析的一个恰当案例。

兴教寺的建立与集贸的发展相关，滇沙由于是茶马古道的重要站点，受到佛教文化影响，成为洱海地区密宗（白族称之为阿吒力教）活动的主要区域。阿吒力教是印度密宗传入南诏以后，与土著的原始宗教相适应，吸收佛教内容、儒家学说、道教思想而形成的一个密宗新派。阿吒力教以高度组织化的礼仪、咒术、民间信仰为特征。兴教寺就是阿吒力教派兴盛时期的产物，从历史上看，其建立是人口频繁流动产生的结果。滇沙作为茶马古道上的集镇，来来往往的人们需要一种凝聚和认同的建构。滇沙本地的民众信仰本主，本主的庇佑范围只限于本村，其信仰系统构建了村庄的社会秩序。根据"想象的共同体"的观点，宗教与国家、公司等社会组织一样，是想象的构建，通过虚拟的观念实现强化认同的目标。如果将本主视为虚拟的观念，那么，本主凝聚社会认同和社会秩序的功能只限于村庄内部。不断繁盛的滇沙，人口流动规模越来越大，需要构建更宏大和包容的观念来实现更大范围的凝聚与认同。兴教寺建于明朝初年，融合了多种宗教，是具一个有商业集市特色的寺庙。兴教寺大殿前厦有"广兴三教"的横匾，店内正中有"法通五教"的横匾，是为适应来往商人的各种宗教需求。马帮到达后，都有到兴教寺敬拜的传统，建筑反映出包容和混融的特色，其大殿大雄宝殿为西藏周庑式建筑，主要是西藏马帮、僧侣、客商敬佛的地方，拜者手持转经桶，沿着殿宇廊庑祈祷，最后回到殿内跪拜。二殿天王殿有悬山式五脊顶，多梁多柱，为典型的传统寺院和白族古建筑结构，殿内供奉数尊神像，明间两尊是左文昌，右关公，中间是孔子牌位，左右两侧是左关平，右周仓，南次间供奉金甲神，北次间供奉财神。过往客商、马帮求财求平安一般到二殿敬拜，这里也是文人拜孔子、关公，祈求文昌武运的地方。不同的宗教信仰在一个寺庙内共存是比较罕见的文化现象，与寺登街的商业贸易功能有直接的关联。

集市场所与宗教信仰建筑合一的现象十分普遍，人们的宗教行为和经济行为在更深的层面都是一种交换行为。在宗教信仰行为中，人与他们所供奉的神灵形成某种"互惠"关系，达成一种交换，这个交换是精神性的交换，人们通过各种庆典礼仪和实物祭拜实现"娱神"的目的，传达对于神灵对个体和群体的护佑的希冀。同时这些节庆礼仪也强化了内部的身份认同和地域文化认同。宗教信仰行为与经济交易发生在同一场所，是基于二者深刻的内在一致性的，物质交流和精神交流都有其对应的现实需求，通过二者，人们实现了完整的欲求满足。

兴教寺的香火到清朝中后期遭遇了现代化的第一次冲击，清朝中后期是风云激荡的年代，西方的坚船利炮打破了士大夫关于"天下"的想象，推动一批人开了现代教育的先河。康有为正式提出改庙兴学的倡议，在《请饬各省改书院淫祠为学堂折》中，康有为将广布的寺庙称为淫祠，认为民众因此惑于鬼神，建议将乡村庙宇的公产改为学校，责令六岁以上孩童进入学校读书，教授现代数学和语言文字等学科。[①] 康有为提出改庙兴学的主张后，张之洞制定了改庙兴学的政策方案，将 70% 的庙宇改为学校，只留 30% 仍作宗教用途，庙宇的公产所得，也依据三七开分别用作宗教和学校教育经费。[②] 清末以来的改良措施将庙产作为用公款兴办公共事业的政策基础，随着官方的政令确立下来，表现为将庙产收归国有、以寺庙房舍作为学堂、以庙产作为经费。当时全国各地纷纷效法，在乡村兴办新式教育、自卫和卫生组织。

民国 4 年（1915 年），滇沙开办小学。兴教寺此时被北洋政府作为粮仓使用，用于囤积堆放战备所用粮食。决定将兴教寺由粮仓改为学校后，兴教寺大殿前南北厢房被改造成教师和教师宿舍，大殿室内被改作礼堂。在民族国家进程中，废旧学、在庙宇办新学充满着强烈的象征意味。吉登

---

① 汤志钧编《康有为政论集》，中华书局，1981。
② 朱有瓛主编《中国近代学制史料》（第一辑下册），华东师范大学出版社，1986。

斯指出，学校在现代性建构中起到的作用，在于通过确立具有鲜明组织与训诫规则的空间，促使社会化的主体与传统社会的"地方性知识"发生分离，与现代社会的抽象系统发生整体结合，从而在主体的生命历程中造就新的个体安全感。① 直到 1994 年，滇沙小学才从兴教寺搬出。在用作学校期间，兴教寺正殿曾经供奉的五尊佛像被推倒砸碎，墙壁上的壁画被石灰覆盖。

1949 年，剑川县解放，滇沙改称为剑川县第×区，兴教寺的一部分被改为粮仓使用；1958 年，粮仓外迁，兴教寺在继续发挥学校功能的同时，另又开辟了一部分空间用作滇沙区公所与当地党委和政府的办公场所。2006 年，兴教寺被评为国家级重点文物保护单位，保护范围包括兴教寺以及古戏台，为了对古镇传统建筑进行保护，剑川县政府同年在滇沙设立滇沙寺登街旅游管理委员会（以下简称"管委会"），办公地点设在兴教寺内，其主要职责是对兴教寺文物以及传统建筑进行保护和监控。

旅游开发以后，兴教寺及其周边成为商业介入的最佳地点。2001 年，滇沙第一家客栈"马圈青年旅舍"开在了兴教寺对面的古戏台旁边。随后，兴教寺周边逐渐出现了越来越多的客栈、酒吧、书店、旅游纪念品商店。资本对空间的占有越来越普遍，2019 年 7 月，兴教寺隔壁的本地村民将其住宅以年租 3 万元的价格出租给了外地投资商开设客栈，至此，兴教寺周边仅剩一户本地村民。商家通过对空间用途的改变，实现了空间的重组和空间再生产，同时隐蔽地获得空间的支配权。其他主体基于再生产的空间，实现了空间的分享，例如，游客通过文化消费，获得了与原有文化持有者共同分享空间的体验。但资本因贪婪性和逐利性往往难以抑制对空间的野蛮争夺和无节制压榨的冲动，尤其是在空间具有稀缺性的情况下。商家对空间的利用受到严格的控制，包括在业态和装修风格等方面，政府要求商家在装修和装饰的时候，进行严格的对原有建筑的保护和维护，并频繁检查其执行情况。

对本地民众来说，对兴教寺空间的占有源于传统生活和集体的记忆，

---

① 安东尼·吉登斯：《现代性与自我认同：现代晚期的自我与社会》，赵旭东、方文译，生活·读书·新知三联书店，1998。

兴教寺周边一直是生活和宗教信仰活动的中心。在旅游发展中，大多数村民已经将房屋出租，搬到古镇外围生活。由于房屋出租获得较高的经济收益，并且迁出去之后，居住条件普遍得到改善，大部分村民并没有怨言，在他们的观念系统中，搬出古镇核心区并不意味着放弃对兴教寺空间的占有，而且，在他们的认知中，对兴教寺空间的占有是不言而喻、不证自明的。但随之而来的一系列政府禁令动摇了他们的空间意识。

管委会宣称，根据《中华人民共和国文物保护法实施条例》，禁止村民在兴教寺内举办二月八太子节活动，寺登村老年协会也将活动场所从兴教寺迁出，太子节活动的举办场地和老年协会的活动场地均迁至寺登村本主庙。允许寺登村在二月八太子节时临时使用古戏台，但是每次需要向剑川县政府申请，获得批准才能使用。2019 年，滇沙镇政府引进广州奥园集团，对兴教寺旅游项目进行开发，为了避免大量人流进入兴教寺对兴教寺建筑造成破坏，对进入的游客收取门票，每人 20 元，滇沙本地居民不能随意进入，有特殊事务时需要凭借身份证才能进入。

就管委会对于兴教寺空间的规定，一位寺登村村民说："以前我们的老协（注：老年协会）就办在那里，我们都可以随便进去，现在兴教寺被国家收了，老协也要搬走，平时我们都进不去了，办会的时候进去烧香还得人家批准了你才可以进去。像这种事情，老百姓再有什么意见，也只能在背后说两句。村干部不发话，你老百姓说什么也起不了作用。虽然大家都有意见，但是谁也不敢出风头，谁也不敢第一个站出来去找政府。"

空间争夺的矛盾不时激化和迸发，2019 年 8 月，兴教寺隔壁一户本地居民 8 岁大的小孩从城里回老家过暑假，由于小孩不知道兴教寺不可以随意进出，出于好奇，小孩便一个人进到了兴教寺内，被兴教寺工作人员发现后赶了出来。小孩家人觉得工作人员太过分，于是和兴教寺工作人员争吵，发生了冲突。这件事情发生后，迅速在寺登村本地居民之间传播，引发了村民的热议。

这些政策不但引起了民众的不满，也引起了滇沙当地方政府的不满，滇沙镇政府和村委会明显感受到空间控制权力的丧失。滇沙镇政府文化站某工作人员说："虽然我在镇政府上班，但平时只有工作需要，我们才可以免费进去，平时进去也得买门票，从这一点你就可以明白我们没有任何权力和作用了。"寺登村村委会某位村干部说："每年太子节，都要提前很久向县里面打报告，把该盖的章都盖完了才可以。后来，我们觉得太麻烦了，于是村委会自己出了 3 万块钱，买了一个可拆卸的舞台，太子节时就搭在老戏台前面，就不用再向县里面申请了。以前太子节的时候，不仅我们寺登村的老百姓要在戏台上唱唱跳跳，其他村子的人也会来唱歌跳舞。现在，连我们本地人上去都要申请，搞来搞去都不知道这是谁的滇沙了。"

在兴教寺的空间争夺中，可以看到空间与权力的关系，空间的治理在政府、资本市场和本地人的博弈中反映出来，政府处于强势的地位，通过建立空间秩序来规训各种主体，村民和商家都处于政府的规训之下；在不同层级政府之间的空间争夺中也反映出来，镇政府和村委会因为空间权力的被剥夺，表现出对管委会的不满，其策略是借助当地民众的空间占有意识来对抗上一级部门对空间的入侵。政府作为强势者，与其他博弈主体仍然有共同利益，因此通过妥协和折中来维持平衡是滇沙的"日常生活政治"。例如，虽然传统节日活动举办会带来巨大的社会治安和防火压力，政府依然准许村民在兴教寺前举办盛大的二月八太子节和火把节前期活动，而且不对举办流程和内容进行过多干涉，因为节庆的直接效应是带来大量游客，带动经济发展。村民则通过年复一年的集体活动来确认和强化对兴教寺和四方街地域的主权，每一次的重复就是对空间占有的强化表述和验证。

第三节　众神庇佑下的秩序建构

一　本主庙中的神谱、秩序与规训

滇沙及其周边的各种庙宇、神龛等数量很多，表明宗教与民间信仰的影响力非常大，普通民众关于世界的认知，受到冥冥中的神明、鬼、灵魂世界的浓重渲染。滇沙在宗教和民间信仰上表现出多种宗教信仰糅合的状态，有制度化的宗教阿吒力教、道教，但大量存在的是弥散性的宗教（民间信仰），如本主崇拜和原始宗教朵兮薄教等。即使是制度化的宗教，其教义的解释、仪式和组织也都与世俗生活和地域性文化混融为一体。

兴教寺作为阿吒力教的道场反映了当时宗教的兴盛，到清康熙年间，清政府认为阿吒力教"非释非道，其术足以动众，其说足以惑人，此固盛世之乱民，王法必所禁者也，删之何疑"。阿吒力教从此一蹶不振，但在民间一直保持着很大的影响力。道教在滇沙也有很深的影响，道教庙宇每年举行北斗会、南斗会、观音会等道教法事，并参与举办村民新宅落成时的谢土仪式、丧礼上的亡灵超度仪式等。

这些宗教信仰有的代表地方秩序，有的代表超地方秩序或王朝秩序，对滇沙民众来说，最贴近生活的是本主崇拜。本主是大理白族村社神，意为"我们的主人"，在自然村落和水系的基础上产生。本主的原型比较庞杂，既有真实的历史人物，也有虚拟神祇，甚至还有自然物件，如山、石、树等，反映出"万物有灵"观念的特征。本主作为村落保护神，除了被与神迹和灵异联系起来，还被赋予性格特征甚至无伤大雅的人格瑕疵，民众以这样的方式表达与本主的亲近。本主庇佑范围包括勾魂消灵、治疗疾病、利禄、添丁、婚姻、建房、祈雨等世俗生活的各方面。由于本主"辖区"具体而微，村民对本主有强烈的情感依附，认为"白族人如果没有本主，就好比是一只没有主人的狗"。

滇沙各个村庄供奉的本主中，供奉最多的是佛教密宗的护法大黑天神。滇沙许多村庄，本主庙里塑有大黑天神金身，说明了佛教对滇沙产生影响，并与本地宗教融合。滇沙还有其他的本主，例如象龙额村供奉的本主是赵善政，西门村、南门村供奉红沙石母，寺登村供奉的是托塔李天王李靖，大麦杜村供奉的是白姐阿妹，江长坪村供奉北方天王，段家登村供奉龙王本主，下科村供奉的本主是张乐进求。这些本主来源复杂，很多不为文化旁观者所知，但对于本文化持有者而言，都有来历传说，并在本主庙中供奉有栩栩如生的塑像。

本主崇拜反映了农民现实社会与想象相掺杂形成超自然世界观念的过程，由于大理偏安一隅，长期作为帝国的异邦而存在，民间信仰在发育过程中受中央集权影响较小，本主崇拜受到外来宗教影响较小，变种和复杂的隐喻比较少，破损的成分也较少，其脉络和原型都清晰可辨，回溯起来历史的烙印比较明显，以一种显性和天真质朴为我们的研究提供了样本。

民间信仰中神祇的谱系往往表征乡村社会中社会职能的划分，本主庙是村民与神祇频繁交流的空间。一般本主庙中均供奉本村本主及其配偶、子嗣，家庭结构与人间同构。寺登村的本主庙位于村子的东边，是一个两坊带后山耳侧院，前院有宽敞的空间，绿树成荫，不时有村中老人来祈愿。这里也是每年本主会活动的宴饮地点和村里的议事中心。本主庙从初建已经存在一百多年，其中多次由民众捐资修葺，目前由老年协会管理。人们并不吝惜捐赠财产修建寺庙，尤其是经济条件较好的家庭，将其视为责任与义务，甚至是一种荣耀。

寺登村本主庙并不只供奉本主，在正殿和偏殿中，供奉着一系列的神祇及其随从，经过数百年的采借和演变，不同信仰与宗教教派来源的神明被供奉在一起。民众对这些神祇的来源及其代表的教义并不十分关切，也不执着于一神崇拜，这些神祇被整合进世俗社会，其管辖范围充满变通，随着现实社会的需求不断调整。秉承功能主义的视角，通过对本主庙神谱的分析，可以看到乡村社会的基本结构及其功能。如图 6-1 所示，寺登村本主庙以大黑天神为主神，分别在大殿以及偏殿中供奉具有不同管辖职能的配神。杨庆堃将寺庙的功能分为几类：一是社会组织的整合和福利类，涉及家族组织、社区保护和国家政治道德象征，二是普遍的道德秩序类，三是经济类，四是健康类，五是公共与个人的福利类。① 因此，寺庙在维护社会秩序方面具有重要的功能，从家庭到社区，从社会道德到政府行为，无不包括在其中。杨庆堃也指出，寺庙崇拜功能的多样性反映着这个庞大国家不同地方的地域性和民间亚文化的差异。寺登村本主庙的神祇体系表现出这些功能，并反映着区域性特色。

---

① 杨庆堃：《中国社会中的宗教：宗教的现代社会功能与其历史因素之研究》，范丽珠等译，上海人民出版社，2007。

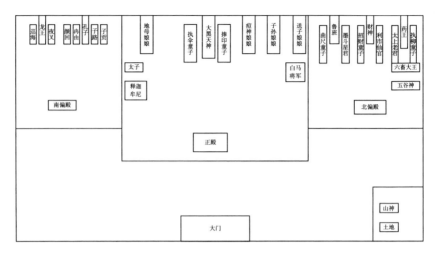

图 6 - 1　寺登村本主庙多神祀奉

在大殿中处于核心位置的是主神大黑天神，传说大黑天神因吞下瘟疫救天下黎民而受到民间祀奉，这一传说表达的是忠孝节义和勇于牺牲等官方宣扬的意识形态，表现出强烈政治伦理导向，从民间的角度，是民众对官员应该提供社区保护这一意见的表达。这里是大黑天神的主场，用于每年二月八太子节的释迦牟尼像和太子像被暂存在这里。大黑天神左右两旁的侍神分别为地母娘娘、痘神娘娘、子孙娘娘和送子娘娘。地母娘娘管辖房屋修建的事务，而这个职能在其他地方一般是由男性来承担。聚集而居的寺登村，修建房屋不仅涉及对自然资源的利用，还涉及与周边邻居的相处，如果处理不好，不仅不方便居住，还会损害邻居利益，引发矛盾。寺登村传统民房之间都会预留出一米左右的空隙，以防屋檐水落到邻居家墙上损坏墙壁。地母娘娘所代表的正是乡村社会房屋建造时需要遵循的一套规则，在一定程度上调节了聚村而居的传统乡村社会中的人地关系、住户与住户之间的紧张关系。痘神娘娘、子孙娘娘和送子娘娘都与家庭幸福相关，反映出家庭在社会结构中的重要性。

正殿祀奉的神祇（不包括主神两侧的童子）除了主神和起保护作用的白马将军外，均为女性神祇，反映出女性的地位及其在社会事务中的重要角色。与汉族社会系统不一样，在滇沙，女性并没有受到强烈的性别压迫，早期初民社会女性丰饶和多产的象征含义在滇沙还保留着。附近石宝山石窟中女性生殖器雕刻造像"阿央白",表明女性生殖崇拜现象的存在,与此相互印证的是兴教寺大殿古壁画中释迦牟尼被绘为端庄慈祥的女性。不只是在滇沙,在大理白族地区,女性的地位都很高,传统地母祭祀活动每年举行。女性权威甚至进入传统上由男性掌控话语权的领域,大理原始宗教朵兮薄教的巫师一般由女性担任,负责进行仪式的组织和神谕的解释。从女性观念发展出的仪式、社会组织等进一步强调了女性在社区中的角色,曾在洱海区域流行的青姑娘祭和青姑娘节,纪念的是因受家庭压迫而自杀的青姑娘,是一种社会平衡机制,发挥着维护女性社会地位的功能。

偏殿中的神祇与经济相关的是行业保护神,滇沙以农业为主,主掌风调雨顺的龙王是受到重视的神明,除此之外,五谷神和六畜大王作为地方神祇,对应着滇沙的农耕生产和家庭养殖。而作为手工艺祖师爷的鲁班,或与剑川传统手工业发展相关,剑川历史上由于大部分地区土地贫瘠,土地所产不足以维生,于是发展出手工艺作为生计补充,百工匠艺都很发达,尤其是木雕最为有名,今天更是在剑川狮河村建起规模很大的木雕工业园区,因此鲁班是剑川普遍供奉的神祇。滇沙虽然不是剑川县木雕业的中心,但传统上仍有大量男性外出做木匠。这些行业相关的神祇与财神,既反映出义利观念,也在整合职业团体和规范行业行为中扮演着重要的角色。

与健康相关的保护神是药王,他是管理乡村公共卫生和身体健康的神,农历六月初六是寺登村的药王会。六月夏天来临,温度升高,蚊虫增加,乡村社会长期的社会生活经验以民间信仰的方式传递,药王会是民间卫生、健康知识传承与宣传的一个公共活动。

与教化相关的孔子及其四个弟子被安置于南偏殿,孔子是全国性的祭祀对象和文化符号,与魁星、文昌的信仰构成一套体系。通过神圣化儒学正统和学术官僚阶级,其成为政治伦理价值系统的主导。[1] 剑川有重学传统,至今剑川人对其启蒙开化的历史都非常骄傲,《康熙剑川州志》记载:"子弟成童,即肆诗书,以不学为耻。工匠亦有通文理者。"[2] 民间以习文

---

① 杨庆堃:《中国社会中的宗教:宗教的现代社会功能与其历史因素之研究》,范丽珠等译,上海人民出版社,2007。

② 王世贵、何基盛等纂《康熙剑川州志》,大理白族自治州文化局,1986。

修礼为风，虽偏于西南一隅，远离政治文化中心，也号称"文献名邦"，对汉儒文化积极吸纳。四方街上魁星阁中供奉的魁星头上长角，面目狰狞，与中原温文尔雅的同行造像大不相同，反映出边地的特色。

滇沙各神祇地域特色十分鲜明，体现出鲜活恣肆的想象和稚拙的人类童年气质，神仙鬼怪的想象世界保留着未经完全秩序化、等级化和规范化的特征。除了本主为主祀神外，其他神祇并无明显的上下等级关系，而是各司其职。这是由于大理长期作为帝国的异邦而存在，在民间宗教发育过程中，中央集权的话语被部分地屏蔽在外，因此，帝国官僚机构在宗教中的映射不甚明显。在大理各地区流行的祭祀本主的请神词中，可以清晰地看到这一点，"地绿绿来天荒荒，小巫有请众菩萨。上请玉皇张大帝，下请土地双。太上老君上首座，还有帝君叫文昌。大罗神仙一齐请，一位也不差。日神雨神和龙神，五百神王请到家。文武财神都要请，坐得满当当。十殿阎王都请到，本主爷爷来增光。闲神野鬼都要请，痘神小姑娘。四海龙王都来到，牛王马王羊娘娘。日游夜游两道神，一起请到家。五道神来六爷爷，山神树神石大王。瘟神牵着黑煞神，也来增过光"。请神词调子反映了这一区域所处的泛灵信仰到神灵信仰的杂糅阶段的特征，描绘的看起来像是初民社会欢快的乡村宴席的情景，其中儒、道、释各路神仙与原始崇拜、民间巫术的各色鬼怪逐次登场、济济一堂，玉皇大帝和痘神小姑娘也融洽相安，等级象征意味较弱。

根据阐释人类学的解释，滇沙本主庙可看作一种国家行政的村庄文本。克利福德·格尔茨最重要的贡献是重新阐释了"文本"（text）的观念，这一词的原始意指是"书写或刻印下来的文字或文献"，格尔茨的阐释突破了文本的文字形态，他认为文本本身就是一个文化描写的系统，既可以是文字的，也可以是行为学意义上的"作为文本的文化"（culture as text），并试图在相关情境（context）中去研究、阐释文化，因此，任何具有独立概念的符号结构都可被视为文本进行分析和意义的诠释。从具体事物到仪式、典礼等象征意义明显的活动，甚至人类的一般行动都是文本。①

---

① 克利福德·格尔茨：《地方知识——阐释人类学文集》，杨德睿译，商务印书馆，2016。

王斯福从政治和社会意识形态的角度，认为民间信仰包含与帝国科层统治相平行的结构，是"帝国的隐喻"。[1] 此外，武雅士等学者也揭示了乡村中神明信仰与王朝秩序的对应关系。国家对民间信仰的意识形态意图是非常明确的，地方知识精英的情形则相对复杂，他们深谙地方的社会结构、价值观念和行事逻辑，根据情况不同，或倾向于维护包括民间信仰在内的地方文化系统，或利用文化权力改造传统资源以使地方文化系统适应当时流行观念。正如前文所说，忠君与效力朝廷是古代地方知识精英介入地方事务时常见的意识形态；近代民族国家的观念兴起后，"多民族国家的统一"的历史观成为地方知识精英努力的核心。地方知识精英的介入和改造使民间神祇从"野"变"文"，更为适应官方意识形态。民间信仰中，国家和地方知识精英的在场也意味着对民间神祇意义的争夺，意图将国家意志铸入民间信仰中，最为典型的例子是关羽，自宋以来，封建国家不断为关羽加官晋爵并将其儒家化，关羽从社区守护神演变为代表国家主流价值观忠、孝、节、义的祀神。[2]

通过本主庙的神谱可以看到，庙宇不仅是一种信仰空间，也是乡村社会的秩序装置。一些西方学者认为中国社会体系中缺乏显著的宗教系统结构，并因此断定中国是非宗教国度，是通过持现世观念的儒家传统来整合民间社会的。也有一些学者持相反的观点，莫里斯·弗里德曼认为，在观念的层面（包括信仰、表征、分类原则等）和实践与组织的层面（包括仪式、群体、等级制等）上存在一个中国宗教体系。事实上，在中国社会，尤其是在乡村社会，宗教信仰通过日常生活和世俗结构来发生作用，在宗教信仰观念中存在某种秩序，使得我们能够跨越庞杂的、表面上异质的信仰领域来发现观念的支配性原则及其对社会的整合作用。

二　仪式的协作中的公共生活与集体记忆

滇沙的节日名目繁多，除了春节、清明等节日外，与地域文化相关的

---

①　王斯福：《帝国的隐喻：中国民间宗教》，赵旭东译，江苏人民出版社，2008。

②　杜赞奇：《文化、权力与国家——1900—1942 年的华北农村》，王福明译，江苏人民出版社，1996。

节庆包括二月八太子节、桃花节、栽秧节、勒沃（立夏）、火把节、七月三十地藏会、石宝山歌会、骡马会、尝新节等，一年几乎从头到尾被节庆和仪式贯穿。滇沙人除了维持生计外，生活中最重要的事就是组织仪式，将四时变化和神祇崇拜编织进日常生活，这些活动中贯穿着大量的宴饮和戏剧，尤其是每年农历七月二十七，白族青年数万人会集于石宝山，对唱情歌达三日之久。这也许是萨林斯认为的"原初丰裕社会"，虽然是低度生产的社会，但人们都得到生活所需，将大量的时间和精力用于宗教礼仪和岁时节日。

滇沙是农业社会，这些仪式既是宗教和信仰活动，也是与农业社会相关的时间观念的表达，通过农历计时体系嵌入年度农事时间之内并受农事时间支配，反映了社会实践、历史记忆、道德规范、人生价值、日常信仰等丰富内容。葛兰言在研究中国上古时代的节庆歌谣与祭祀礼仪的起源时，发现岁时礼仪与农业经济生产及人口再生产的对应关系，认为年祭具有实践和社区礼仪的双重作用。[1] 著名社会学家涂尔干对民众的节日和宗教生活有一个见解，他认为，膜拜的基本构成就是定期反复的节日循环，人们的定期宗教集体生活使社会重新充满活力，人们感到有这样的需求的时候才会产生定期的宗教集会和节庆，它们形成了人们凡俗时期和神圣时期的有规律的交替。[2] 民众的日常生活是凡俗时期，而节庆是神圣时期，庙会的功能是实现神圣与凡俗的结合，庙会的交易功能体现着信仰中的市井色彩，尤其是随着商品经济的发展，世俗性特征更加突出，宗教信仰与商品行业特征融合，功利主义倾向非常明显。

滇沙最隆重的仪式是二月八太子节，太子是指释迦牟尼，传说农历二月初八是释迦牟尼诞辰日，有的人认为这一天是他出家的日子。太子节活动消失很多年，近年来得到复兴，并且越来越隆重。太子节的核心活动是抬少年和成年的释迦牟尼像巡游四门，活动开始时，由本年结婚的新郎给太子像（少年释迦牟尼像）换上新衣，将其固定在马背上并负责牵马，太子像着蟒袍玉带，束发戴紫金冠。马按遴选标准一般是 2 岁左右的枣红色

---

① 葛兰言：《古代中国的节庆与歌谣》，赵丙祥、张宏明译，广西师范大学出版社，2005。
② 爱弥尔·涂尔干：《宗教生活的基本形式》，渠东、汲喆译，上海人民出版社，2006。

小马，由6~10岁的孩子装扮为太子在一旁护送，被选中的孩子视之为荣耀。成年释迦牟尼像则坐在白鹤轿子上，由四个青年男子负责抬轿，刚结婚和准备结婚的青年男子簇拥在后面，孩子们都参与游行，他们被打扮得十分俊俏，装扮成太子或文武百官，还不能走路的由大人抱着参加，一些孩子坐在父亲肩头，游行结束后他们会得到新郎家庭中女性长者给的6块钱。游行路线以本主庙为起点，途经各个寨门环绕寺登街一圈之后再去兴教寺门口，在兴教寺门口举行隆重的仪式，之后巡游到本主庙，将佛像安置在本主庙中，活动结束。今日的太子节已经不只是滇沙本地民众的节日，活动当天，巡游队伍浩浩荡荡，引来大量游客围观。

　　仪式是集体性的活动，仪式的组织过程反映出乡村社会的协作机制，构成了乡村社会自组织的系统。通过对这个节庆活动组织过程的观察，可以看到乡村生活的公共事务是如何处理的。

　　首先，轮祭的方式将所有民众安排到公共生活中。能够组织二月八太子节是一种荣耀，每年二月八的组织工作由村老年协会、妈妈会和当年举办婚礼的新婚家庭来开展，寺登村村委会和滇沙镇政府不会进行任何干涉。老年协会和妈妈会是太子节中固定的组织者，而村里面每年举办过婚礼的家庭则是流动变化的。这样的一种制度设计使得全村每一户家庭都有机会参与到太子节的组织中，从而形成一个相对"平权"的社区。由新婚家庭组织当年节庆的活动也使得年轻人进入仪式过程，对本土文化的代际传承起到很好的作用。

　　其次，通过仪式，老年人和儿童被整合进社区里。在乡村社会中，老年人和儿童由于经济能力不足，往往成为弱势和边缘化的群体。每年的太子节活动中，老人和儿童是主角，成为社会共同体的一部分。太子节中少年释迦牟尼的影射，使儿童成为最受瞩目的对象。老年人的协调组织作用得以发挥，寺登村老年协会是一个自发形成的民间组织，妈妈会是中老年妇女组成的念经会，在大理其他乡村又被称作莲池会。由老年人组成的洞经会在仪式中负责表演洞经音乐。太子节的主祭和陪祭由老年人担任，主祭由本村80岁以上者担任，陪祭由60岁以上者担任。仪式中老年人的参与，使得老年个体成为社会系统的一部分，有效避免了这些人群的心理失孤，促进了社会的整体团结。

最后，仪式的组织方式，反映了乡村互惠和平衡的经济机制。仪式需要钱，这是现实的问题，太子节每年能够举办，原因在于在解决资金问题中合理利用了乡村的互助机制。农历二月初一，村里面举办过婚礼的家庭就会自发地聚集起来，每家拿出 2000 元，然后再去村里面其他当年没有举办婚礼的家庭筹集经费，根据乡村传统，这种家庭只需要出 2 块钱，这个筹集资金仪式的作用不只是向村民筹集活动经费，还在于告知大家今年的太子节又要开始举办了，希望大家积极参与协助，共同把这个节日办好。举办婚礼的家庭用筹集到的钱去买太子节当天白族八大碗所需的食材、祭祀活动所需的香烛纸钱，如果经费不够，可以向老年协会申请补贴。太子节当天的活动支出项目包括"太子"祭祀、吃白族八大碗、"太子"巡游以及晚上的歌舞表演，祭祀活动由妈妈会的老年妇女负责，寺登村当年举办过婚礼的家庭负责斋饭的准备，老年协会负责活动举办过程中各种人员、资源的调度以及活动经费的收支管理，每一个参与的人都有明确的任务分工。

第四节　"公开"与"隐藏"的治理文本

斯科特使用了"公开文本"和"隐藏文本"来分析底层民众日常生活政治，公开的文本指的是底层群体与政权的互动形式，由于利益的驱使和行动策略，充满了不真实的建构;[①] 隐藏的文本更多地体现了真实的意图。本书借用这对概念表达政治行动中的显性和隐性的两个方面。滇沙的社会治理中，公开的文本是政府对滇沙的治理，处在台前，但处于幕后的隐藏的文本，即文化网络和地方行为惯习事实上也发挥着作用。经济和生计方式、社会组织方式与文化表征构成了一个层层相扣的社会，所有的政权及其施行方式都建立在此基础上，治理效果取决于隐藏的文本的结构形式，以及隐藏与公开的文本在相关领域的相互赋权与权力让渡情况。

———————

① 詹姆斯·C. 斯科特:《弱者的武器》，郑广怀等译，译林出版社，2011。

大理长期以来处于"帝国的边陲"，大蒙古国灭大理国以后，虽然设置了行政管理系统，并把云南统治中心从洱海移到滇池，但忙于灭南宋王朝的战争，对云南的统治"唯羁縻而已"，有"粗疏简陋、朴野放任"的特点。① 地方社会的控制权力实际上掌握在以段氏总管为首的大理国贵族故旧手中，一直持续到明初。因此，政权更迭对当地社会民众的影响是间接而缓慢的。滇沙作为一个小小的缩影，其社会经历了帝国时代国家的隐喻和想象，经历了民族国家时代国族认同的洗礼，经历了社会主义"全能国家"狂飙推进的政治动员。但是，在深层的社会结构中，民间信仰、社会道德传承、朴素的善恶观念、邻里和宗族之间的互助与义务等，依然是维系乡土社会运作和社会治理的关键性因素，道德共同体始终发挥着作用，这是涂尔干认为的"社会事实"。

一　被凝视的文化和被选择的遗产

地方政府的行为逻辑常常被描绘为以财政收入最大化为目标，甚至以厂商行为类比。但事实上，地方政府的目标是多元的，而且其目标与行为选择是动态的，尤其是与国家政策的变化密切相关。党的十八大确定了建设文化强国和将文化产业培育为支柱性产业的政策，地方政府纷纷随之确立了建设文化强省、文化强省和文化强县的目标。剑川县时为国家级贫困县，文化资源富集而经济发展滞后，发展文化产业成为地方政治的新方向。在目标实现过程中，除了经济目标外，一系列的社会目标衍生出来。近年来，地方文化建设逐渐上升到与地方经济建设同等重要的地位，之前非常流行的"文化搭台，经济唱戏"的提法渐渐淡出各级各类文件。地方政府将文化建设视为重要任务，期望通过文化建设获得更多的政策红利，在下一轮政策资源配置中处于有利的阶序。

由于文化建设的评估弹性很大，而政府绩效考核存在易观察、可量化等特点，在文化建设中，地方政府发展出"辖区包装"的策略，这带来了"文化运作仪式性"。"辖区包装"指从技术和策略层面塑造地方文化形象

---

① 　蒙思明：《元代社会阶级制度》，中华书局，1980。

和区域文化品牌；"文化运作仪式性"既有"表征"的一面，也在一定程度上促进了地方文化的发展。① 在这样的政治运作中，滇沙的文化资源成为地方政府关注的对象，近年来政府采取很多的举措挖掘文化资源、发展文化产业。滇沙有世界级文化机构对其建筑保护价值的认定，国家和各级政府授予其一系列文化名号：兴教寺 2006 年成为全国重点文物保护单位，滇沙镇获得云南省历史文化名镇、中国历史文化名镇、国家 AAAA 级旅游景区、国家级建制镇示范试点镇等一系列称号。地方性的文化工程项目更是层出不穷，这些文化工程可以灵活拆分，与"美丽乡村""乡村振兴""特色小镇""少数民族特色村寨"等一系列宏大政策对接，成为政府的政绩。

在文化建设和经济发展的双重语境下，滇沙多样化的文化，包括建筑形态、文化仪式等，不再只是与本地人相关，而是处于福柯在《规训与惩罚》里描述的"全景敞视"中。凝视滇沙文化的主体有本地人群、地方政府、游客和学者等，但是主体由于认知和目标的不同，会对同一对象产生视觉差。"全景敞视"并不会形成"全景成像"，而是形成视而不见、无法视见、刻意不见三类情形。② 对滇沙本地的文化持有者来说，感知到的是集体记忆、生活日常场景、通灵、娱神娱人、亲亲仇仇等，他们对非文化持有者感知中的美学风格、艺术视觉呈现等观念无法透彻理解，对于滇沙寺登街被列入世界濒危建筑遗产名录，大多数村民都表示骄傲但是茫然。对于游客来说，地方文化密码形成视觉屏障，短暂的逗留使他们不关心幕后的文化意蕴，他们感知到的是奇风异俗、仪式感、从日常生活中暂时的逃遁和狂欢。

地方政府的视觉感知与其行动策略有着密切的关系，政府会刻意模糊或视而不见文化中曾经被批判的"迷信""愚昧"的部分，聚焦于传统地方文化、文化资源、展演、项目运作等。而哪些文化受到鼓励，或者能得

---

① 李敢：《文化产业与地方政府行动逻辑变迁——基于 Z 省 H 市的调查》，《社会学研究》2017 年第 4 期。
② 李建峰：《试析全景敞视中不同主体的"非遗"视觉差——以汶川羌族羊皮鼓舞为例》，《民俗研究》2019 年第 6 期。

到政府的认定、获得文化遗产的头衔，则反映出权力关系，政府的视觉成像中最重要的是关于情势可控性与民间资源利用的评估和权衡，在评估后，可以将大量日常文化事务交由本地组织来处理。格尔茨在《尼加拉：十九世纪巴厘剧场国家》中分析了国家与地方的关系，他认为这是两种迥然相异而又精密交织的政体，一种政体专注于展示性的地方事务表演，而另一种政体则专注于从事工具性的地方事务，地方承担了大量的日常事务，政府则腾出手来去展演权力，而不是去操纵权力。①

视觉感知的差异反映出政府对民间文化的复杂态度和情绪，其一贯秉持的态度是"厚风俗禁异端"，但风俗与异端之间往往很难区分，礼俗社会构建的乡村共同体有利于社会治理，但同时也是潜在危机的爆发点。萧公权在《中国乡村：论 19 世纪的帝国控制》一书中认为，19 世纪，清帝国通过一系列制度实行对乡村社会的控制，一方面宗族、祭祀、乡约等被用作监督居民、宣传教条的辅助工具，另一方面帝国对此也有着足够的警惕和控制的目的。② 历史上，民间力量借民俗活动聚众滋事的情况常有发生，秘密结社和反叛者常常在宗教和祭祀的名目下实现联合。历朝统治者对聚众行为都保持着相当的警惕，许多涉及人员聚集的民俗活动在特定时期都被视为异端而遭到打压。在社会存在不稳定隐患时期，聚众行为更容易被压制，例如，孔飞力对清朝"叫魂"风波的研究展现了统治者是如何将因自己的恐惧而产生的意义注入民间聚众仪式中的。③

近年促进旅游发展和文化建设的政治取向，使政府对地方文化持越来越鼓励和宽容的态度，只要是在凝视范围内并认为可控的事项，都赋权给当地民众，许多村民都认为，二月八太子节、火把节、迎本主等活动比历史上任何时期都盛大，并且获得了政府一定的资金资助。莲池会、帮辈、诵经会、八仙会、洞经会等组织都活跃起来，尤其是老年协会，在村里承

---

① 克利福德·格尔兹：《尼加拉：十九世纪巴厘剧场国家》，赵丙祥译，上海人民出版社，1999。

② 萧公权：《中国乡村：论 19 世纪的帝国控制》，张皓、张升译，台北：联经出版事业股份有限公司，2014。

③ 孔飞力：《叫魂：1768 年中国妖术大恐慌》，陈兼、刘昶译，生活·读书·新知三联书店、上海三联书店，2012。

担着许多公共服务责任，如组织老人娱乐活动、组织各种节庆活动和红白喜事等。这些组织是村民在长期的公共事务管理过程中形成的，这些非政治的组织，至少在某些时候，在各种情境中扮演着政治辅助角色，其结果是产生了一种拼合式政治秩序，就像锁子甲一样，多个相互重叠、彼此锁定而又界限分明的团体组合起来，最终形成不可割裂的连续体，这个秩序正是各种涉及广泛领域的治理职能所依赖的秩序。① 近年来治理中强调地方精英、"新乡贤"的作用，地方精英只是一个符号，隐藏在背后的是整套文化、伦理道德与地方性知识和密码，这些是地方治理的资源。

不同层级政府对社会组织风险的认知是在反复权衡中建构起来的，当基层政府承接层层发包的公共服务任务，又能实现社会组织的内部有效控制时，会鼓励社会组织提供公共服务，自身也获得行政灵活性和弹性。② 这些地方性组织被嵌合进治理系统，并发挥着积极的作用，它们的治理方式在某些方面更为有效，因为由地方性知识建构起来的文化网络，对深谙文化密码的本地人能产生更有效的约束力。滇沙的地方性文化事务主要是由当地人负责其中组织和具体运作的，在滇沙调研期间，笔者不断观察到地方性组织的作用。例如，黑惠江边有个让游客体验骑马的项目，由本村村民成立马帮协会管理，在招徕游客和任务分配过程中，井然有序，没有恶意竞争，也很少发生欺诈游客的问题。所有规则制定和实施过程都是由马帮协会直接来管理和协调的，充分说明了民间是具备自我管理能力的。但是整个过程依然处在政府的"凝视"之下，马帮协会是在镇政府的授意下成立的，并且进入马帮协会除了经协会同意外，还需通过镇政府和村委会批准，基层政府虽然不干涉其具体的运作，但是其发展处于政府的可控范围之中。

从本地人的社会组织来看，在恢复传统过程中，他们对国家文化政策是敏感的，表面上看来，对于国家的政策计划，一般民众认为其是与他们

---

① 克利福德·格尔兹：《尼加拉：十九世纪巴厘剧场国家》，赵丙祥译，上海人民出版社，1999。

② 黄晓春、周黎安：《政府治理机制转型与社会组织发展》，《中国社会科学》2017年第11期。

生活不大的演示，但事实上，本地民众与国家的治理之间展开着精细、复杂和异常微妙的相互调适。其中也有抵制和反对，但并没有激烈的冲突。地方社会组织的行为和态度，是审慎的迎合和发展、温和的反对。在传统恢复的过程中，这些组织也展现出迎合市场和基层政府的微妙策略，在组织的节庆和仪式中，会主动剔除一些与国家文化政策和文化意识形态相悖的内容，以及一些晦涩的地方性知识和群体性创伤记忆。地方知识精英在这个过程中发挥着作用，在历史上，地方知识精英的介入和改造使民间神祇从"野"变"文"，更为适应官方意识形态。民间宗教崇拜中，国家和地方知识精英的在场也意味着对民间神祇意义的争夺，国家意图将国家意志铸入民间崇拜中，最为典型的例子是关羽，自宋以来，封建国家不断为关羽加封晋爵并将其儒家化，关羽从社区守护神演变为代表国家主流价值观忠、孝、节、义的祀神。[1]通过滇沙民间信仰中的神祇和仪式活动中一些内容的调整，也可看到当地知识精英介入的影响。

二　滇沙的基层政治样态

政权组织向乡村扩张及其与乡村既有组织结构的兼容，是近代以来乡村社会变化的内在逻辑，这个过程是对传统"绅治"的弱化和替代。在某些阶段，国家基层政权几乎完全瓦解了乡村自组织系统。基层政权与农民的关系是不断变化的动态过程，家庭联产承包责任制实施后，在微观经济领域，家庭决策取代集体决策，农民自主性增强。2003 年开始的税费改革实行后，县乡政府财政收入的主要部分由农业税费变为来自中央及上级政府的转移支付，通过对财权和事权的重新划分，县乡政府由"汲取型"政权变为"悬浮型"政权。[2] 村社集体也在这个过程中空壳化，村干部被边缘化，其权威与之前相比不可同日而语。

国家对基层政权的政策塑造了乡村的政治生态和基层干部的行为模

---

① 杜赞奇：《文化、权力与国家——1900—1942 年的华北农村》，王福明译，江苏人民出版社，1996。

② 周飞舟：《从汲取型政权到"悬浮型"政权——税费改革对国家与农民关系之影响》，《社会学研究》2006 年第 3 期。

式。但由于经济发展等因素的影响，不同地区乡村基层政权运作模式也很不相同。乡村社会中经济发展程度和基层干部权威的消长有一定的相关关系，即经济发展程度高的乡村地区，如果基层政府没有介入经济发展过程，其权威会下降，而如果基层政府介入经济发展过程，其权威会提升。滇沙由于国家级和省级旅游名镇、乡村文化遗产地标村庄等的认定，加之旅游业的发展带来的资源配置问题，基层政权的运作相对复杂。在承担更多的公共服务责任和上级检查的压力的同时，地方执政者获得更大的权威和资源配置能力，也承受越来越多的来自各方的质疑。

在压力型体制之下，滇沙基层政府的行为模式和动力机制，围绕着应对上级的检查、获得稀缺的晋升机会等来运行。行政压力自上而下层层传递和分解，对应的检查成为考核乡镇和村级组织绩效的主要手段，周黎安从纵向行政发包制和横向政治锦标赛竞争两个维度解释了政府治理的现象和特征。[①] 在基层社会治理中，招商引资和社会稳定是最重要的两个考核指标。科层组织从理论上来说是非人格化的，但基层官员的地方性知识和个人偏好，常常导致地方政治生态的分化。因此，并非所有基层官员的行为都是完全一致的，个人偏好及其效应也比较显著，不同的个体对地方社会治理和经济成长的作用有显著的差异性，尤其是在个体裁度空间较大的文化领域。

目前滇沙的正式制度管理由三个机构负责，分别是管委会、滇沙镇政府、村委会。在本书的叙述中，常常使用"政府"一词来笼统指称三个主体。虽然这三个主体事实上有明确的区分，处于不同的行政层级，尤其是村委会，在"乡政村治"体制下，严格意义上属于村民自治组织，但由于村委会已经成为"类行政组织"，在很大程度上扮演国家代理人的角色，三个机构事实上都属于公共行政权力机构，有着相对一致的内在行动逻辑，所以可分类至同一属别。在村民眼中，村委会与镇政府及管委会并没有本质的区别，它们都被笼统地称为"公家"，从主位观点出发，可将三者放置于同一分类范畴。

---

① 周黎安：《转型中的地方政府：官员激励与治理》，格致出版社、上海人民出版社，2008。

管委会直接隶属于剑川县政府，是县政府的派出机构，设置于 2006 年，根据《历史文化名城名镇名村保护条例》《中华人民共和国文物保护法实施条例》《风景名胜区条例》等各种政策规定，县级以上政府负责国家级风景名胜区、历史文化名镇和文物保护单位的保护、利用与统一管理。为了对滇沙的整体历史文化资源进行保护，剑川县政府在滇沙设立了管委会，办公地点设在兴教寺内。管委会的主要职责包括维护古镇建筑风貌、保护和管理古镇文物建筑、维持景区旅游秩序，其通过对古镇内传统建筑的修缮改造、古镇内新建筑的修建、古镇内公共活动的举办进行审批授权，监督古镇内各商店和客栈的装修风格来实现对古镇建筑风貌的管控和古建筑保护。管委会要求古镇内建筑物的改造保留原来的文化特色和当地文化元素，不能用钢架结构，只能用砖混结构，不符合要求的要重新装修，铁门和塑料广告牌要更换为木质门和木质广告牌。工作人员会对正在修建和改造装修的建筑不定时巡查监督，如果在房屋修建过程中住户没有按照要求进行修建或者装修，管委会有权叫停，并对违规建筑提出改造要求和罚款。

镇政府是滇沙基层政府，在"滇沙复兴工程"以及滇沙古镇的旅游开发中，具体负责剑川县对滇沙古镇实施的各项公共政策的推行、公共基础设施建设、各行政村文化资源的挖掘保护和相关申报、旅游市场规范整治以及滇沙旅游发展规划的制定、招商引资等。在公共基础设施建设方面，滇沙镇政府进行了黑惠江滇沙段整治、街道卫生环境整治、河滨路修建、旅游停车场修建、湿地公园修建、古镇电力网络提升改造、古镇智慧旅游基础设施建设、智慧公共厕所修建等；在文化挖掘和保护方面，截至 2023 年 3 月，通过申请寺登村、石龙村、长乐村、鳌凤村等 10 个村落进入中国传统村落名录；在旅游市场规范整治方面，为了减轻古镇交通压力，将每周一次的在四方街举办的传统集市"街子"移到了古镇之外，另外，滇沙镇政府还实施了"明厨亮灶"工程，要求古镇内所有的餐饮店公开食物加工处理过程。为维持景区秩序，滇沙镇政府曾专设滇沙镇旅游服务中心，负责旅游交通、景区秩序、旅游安全以及旅游市场数据采集等方面工作。近年滇沙基础设施的改善与镇政府的努力分不开，尤其是对黑惠江的整治成果显著，以前黑惠江出现"公地的悲剧"，村民随意在江边丢弃垃圾，时常有死猪漂浮在江中，而整治后江水干净清澈，两岸树木葱茏。但一些措施也被批评，如古镇亮化工程就遭到公众的诟病，2015 年向游客收 65 元的古镇门票费的提议也受到了广泛的抨击。

滇沙镇政府承接了大量行政任务，滇沙古镇景区所在的寺登村的村委会在很大程度上便成为滇沙镇政府的延伸行政机构，部分涉及滇沙古镇的公共事务需要寺登村村委会的参与和协助。滇沙镇古建筑群位于寺登村，不管是外来投资商还是古镇居民对传统建筑进行修缮，首先都需要向村委会报备，获得村委会的同意后才能向管委会进行申请。在古镇建筑风貌维护中，寺登村村委会成为严格审批流程中的第一个"把关人"。在协助滇沙镇政府执行具体行政任务时，寺登村村委会主要负责政策宣传、协助行政公务执行，扮演着"牵线搭桥"的中间人角色，具体工作包括旅游发展时土地征用中政府与村民之间的协调，镇政府、村民、投资商之间的矛盾纠纷调解。在古镇治理中，寺登村村委会除了协助滇沙镇政府，还负责组织寺登村传统文化活动、保障其顺利举办，代表村民向管委会申请太子节和火把节的举办，并为村民提供相应的资金支持和安全保障。

三个机构之间存在权责模糊之处，它们之间产生合作、竞争及冲突等关系。村委会和镇政府的自由裁度权很大一部分被管委会接管，造成村委会和镇政府的不满。镇政府与村委会在开发中也产生了很多的矛盾，镇政府掌握土地出让和招商引资的权限引起村委会的不满，他们在一些场合发出"滇沙到底是谁的滇沙"的抱怨。在兴教寺和魁星阁被限制使用、出让村中土地使用权将土地用于商业用途的事件中，村干部选择与村民站在同样的立场上。村干部具有三重角色，即国家行政代理人、村民利益代表者和追求自身利益最大化的理性人，他们在这些角色之间娴熟转换。作为国家行政代理人，村干部亦是一个理性人，具有强烈的利己动机，追求自身利益最大化。信息不对称是委托人与代理人之间的障碍，因此，对于委托人来说的最优策略往往并非代理人的选择，这就是道德风险产生的原因。而且，代理人的决策和委托人的福利最大化之间总有偏离，这种偏离导致的委托人的福利水平下降被称为"剩余损失"（residual loss），这些构成代理关系的成本。以这样的视角来观测，村干部具有双重代理的性质，既是辖区内居民利益获取的代理人，又是上级政府的代理人。当两方代理人的利益诉求和行为目标发生冲突时，村干部往往陷入两难的困境，在某些情况下，还会做出"角色逃避"的选择，导致消极和无效率的行为策略。

寺登村村委会成员均为当地人，在完成行政任务时，乡土社会中的人情、关系、面子等要素也是要考虑的问题，他们同时具有"保护型经纪人"和"赢利型经纪人"的特征，在一般情况下，他们倾向维护本村利益，但在行政压力下，会选择放弃本村利益。此外，村级人员的动力不来自体制内升迁，而来自剩余控制权的获取，例如，村干部在滇沙旅游开发中的话语权和利益获取会带来激励。他们熟悉政策尺度，在旅游开发中有一定的裁度权，这些导致了汲取和寻租行为的产生。在笔者调研过程中，不时有村民委婉暗示村干部利用职权为自身牟利的问题。

由于旅游的开发，滇沙社会从一个"单一社区"变成了"复杂社区"和"流动社区"，为基层政府的治理带来了两方面新的挑战，一方面是村民的变化，另一方面是大量外来人口的进入。人地关系的松弛，一方面形成了多样化的乡村经济发展模式，另一方面也导致了乡村社会内部的分化。与传统乡村地区相比，滇沙的村民同质化局面已经被打破，尤其是年轻一代，与常年附着在土地上的父辈不一样，前者面临多样化的职业和生计方式的选择，部分村民外出打工，部分村民通过土地流转和房屋产权让渡获得更多类型的要素配置方式。在旅游业发展的情况下，部分村民看到契机，也开始从事旅游相关的职业。一些外出求学、打工的年轻人开始回乡，利用家中老宅建民宿、开咖啡馆、开餐馆等，还有的年轻人在村子周边发展鲜花种植等产业。这部分获得多样化生计方式的村民对基层政府的态度发生微妙的变化，他们受过比较好的教育，不但对村里的情况熟悉，对外部世界的各类通行规则也了然于心，他们对待村镇干部的态度与父辈相比已经有了很大的不同。

滇沙治理还面向一个很大的群体，即外来人群，由于城乡之间要素双向流动，吸引了部分外来投资人群。目前滇沙旅游经营者主要有客栈与民宿经营者、餐饮经营者、旅游纪念品商店经营者。本地村民缺乏客栈经营管理经验以及房屋改造装修的资金，大多数村民选择将古镇内的房屋出租，获取租金。外来投资商凭借丰富的客栈经营经验以及一定的资本积累，参与到滇沙的古镇旅游开发中。来滇沙经营的投资商通常会与本地居民签 20 ~ 30 年的租赁合同，在滇沙长期居住。这些外来投资商意识到滇沙的商业价值来自传统社区的文脉和自然环境的保护，而且由于投资和回收周期较长，他们会抑制短期行为，对滇沙的社会治理起到良性的推动作用。但是资本牟利的冲动也常常突破这些限制，例如餐馆随意排污水等行为时常发生。在村民的眼中，他们既为当地带来经济机会，有时也是掠夺者和破坏者。

由于滇沙的旅游属于温和增长的类型，外来商户与本地居民在房屋租赁过程中会产生纠纷，尤其是村民撕毁合同、要求加价等行为时有发生，但其激烈程度与大理古城和丽江古城等其他旅游区相比则较低。外来商户与基层政府的关系较为复杂，基层官员的评价指标很大部分涉及辖区内经济绩效。外来商户接受基层政府的管理，但是基层政府开展与商户之间的合作，自身也会获得溢出效应带来的利益，基层政府与商户有合作、冲突、庇护等多重关系，合谋、变通都是常用的策略。商户需要到县工商局注册，与消防、公安、税务等部门打交道，接受村委会、镇政府及管委会的管理，许多商户表示，在经营活动中，最大的风险是政策风险。2011年，滇沙镇政府将寺登村小学旧址卖给开发商，引入大理本土连锁酒店兰林阁，总建筑面积接近 8500 平方米。大规模星级酒店的进入，既改变了原有的建筑和聚落形态，也冲击了滇沙原有的住宿业生态，引起了投资民宿的商户的担忧。寺登村小学最早由村民集资修建，承载了民众的记忆，笔者在滇沙调研期间，不少村民都惆怅地表示"我的小学已经没有了"。

三 规训、动员与弱者的武器

斯科特将制度过程划分为三个层次，即宏观的社会制度、中观的组织与组织场域、微观的行动者或组织内实践。[①] 在滇沙的日常生活中，微观层面的政治生活呈现丰富的细节，为我们理解滇沙社会治理提供了观察的

---

① 詹姆斯·C. 斯科特：《国家的视角——那些试图改善人类状况的项目是如何失败的》（修订版），王晓毅译，社会科学文献出版社，2012。

角度。

滇沙的政治样态中充满着运动型治理的特色，作为一个"示范区"，此起彼伏的上级领导检查、视察和项目验收，使运动型治理穿插在常态化的治理过程中，成为基层政府的中心工作。运动型治理与日常政治的逻辑是一脉相承的，但运动型治理戏剧化地展现了各方的深层关系。自革命年代植入的卡里斯玛型运动型治理基因，展现了基层强大高效的组织和动员能力，这时街道路面变得异常干净整洁，许多"灰色行为"顿时隐形，等待治理运动过后重新出现。这是基层政府展现能力和忠诚的时机，在"项目制"治理方式之下，也是能否得到更多项目支持，从而获取更多转移支付项目资金的关键。因此每一次检查前夕，古镇就进入一种紧张的氛围，基层干部三五成组，在辖区内巡查，进行推敲、指导和勒令整改，事无巨细，内容甚至涉及咖啡馆的招牌、餐厅的菜单等。

运动型治理期间村民和商家的抱怨也随之升级，民众与基层政府的矛盾既是对政府公权力过多侵入私领域的不满，也是民众对基层政府为应对上级检查弄虚作假、随意加码要求的厌恶。在2018年的一个项目中，滇沙获得1.5亿元的财政奖补支持，但在项目"回头看"的检查中，此项目的发展领导小组对滇沙提出了"黄牌警告"，并严厉要求限期整改。滇沙古镇的问题被描述为"宣传标识杂乱无序、环境卫生管理较差、外立面风貌不协调、服务设施建设和管理不够精细、奖补资金使用过散、接入'一部手机游云南'平台的内容还不够完善"。整个古镇陷入了紧张的整改状态中，各级检查密集进行。滇沙的正常生活受到影响，一家小餐馆的老板娘情绪激动，抱怨政府为实施"明厨亮灶"工程，朝令夕改，不断要求购买新的厨房设施，成为小本经营者的沉重负担。周围许多餐馆不堪其扰，主动关门歇业，等待检查过后再开业。

在运动型治理中，民众既成为被动员的力量，也成为规训的对象。在规训和动员中，民众的反抗采用微妙的方式进行，这是最节约成本的方式，斯科特称之为"弱者的武器"。① 滇沙民众的抗争并不是集体的行动，

---

① 詹姆斯·C. 斯科特：《弱者的武器》，郑广怀等译，译林出版社，2011。

不需要组织和协调。游移不定的策略和即兴的发挥，成为对抗以权力为后盾的力量的武器。基层政府应对运动型治理的表演策略，造成了社会资源的浪费，乡村社会治理出现"内卷化"，即不断强化行政力和输入资源，却没有产生更多的治理收益，而基层官员也因此处于极大的压力之下，不堪重负。民众的不合作和消极抵抗，在一定程度上消解了治理的效果，推动了政府与民众双方的紧张和对立，蚕食了基层政权的合法性认同，并有引燃群体性事件的潜在风险。

结 语

　　治理是追求社会资源配置最优化的过程，在治理结构中，文化作为一种治理资源日益受到重视，甚至逐渐成为决定治理绩效的关键性因素和最终解释变量，因此，文化作为现代公共治理的内生资源，应被纳入分析框架和实践运作中。尤其是传统文化资源集中的乡村地区，公共秩序的维系和社会的发展，都不可忽视文化的要素。① 文化从分析主题转变为解释性资源，是文化研究的一个明显的转向，但文化作为治理资源的特殊性，在于其与其他资源要素相比更难把握，它既是过程、行为、符号，又是意义、价值，它有时是显性的，有时又隐身，需要通过生业方式、社会组织、家庭结构和宗教信仰等载体来观察文化如何在场、如何编码，因此，文化发生治理作用的机理尤为复杂，而且在不同的约束条件下会得出不同的结论。文化内核的相对稳定性是本书的逻辑基点和起点，而市场化和人口流动则反映了文化动态性的特征并对治理形成冲击，本书在静态和动态的基础上建构了整个研究的基本分析框架，并得出了研究结论。

一　基点：文化内核的稳定性与外层的易变性

　　文化的静态性、连续性和动态性特征及其复杂呈现是支持整个研究的潜在支点。文化既具有显著的静态性，又有连续性和动态性。在文化治理的研究中，以村庄为基点，并分析蕴含于具体载体中的内生治理基础，是基于文化的静态性特征做出分析。社会规则通常是在较长时段的演化中产生的，并不断根据反馈来进行调整和发展，呈现相对稳定和清晰的演化路

---

　　① 李佳：《乡村的文化治理策略》，《曲靖师范学院学报》2018 年第 4 期。

径。这样一种规则被称为"内在制度"或内生基础。① 而市场化和人口流动的分析，则是基于社会变迁与文化之间的复杂互动进行的，在解释乡村社会的运行时，静态性和动态性不能互相遮蔽。

文化的变迁与社会政治经济变迁速率并不一致，文化的演进相对缓慢，变迁往往滞后于社会政治经济。文化本身的变迁也有不同的速率，将文化视为一个圈层结构的话，文化的内核部分具有相对稳定性，价值和理念部分处于最内层，核心部分变动较少，更多地体现出延续性。相对于不断变化的社会表象，价值、理念等具有相对的稳定性和确定性，往往形成社会生活不变的框架与结构，也为文化治理的路径依赖理论提供了支持。而外层部分，例如服饰、语言和行为方式等变化最大，也最容易观察。文化变迁速率取决于外在的冲击力量的强弱，以及文化结构中核心层与外在冲击力量的互动，因此，很难把某个精确的时间点作为明确转折节点。事实上，变迁并不是毫无预兆的跃升和突变，变迁发生的渐进过程及过程中各个要素的变化，恰是理解问题的关键。

引起文化变迁的因素也是复杂的，一些变迁理论的倾向是把某一因素独立出来，视为变迁唯一的或最重要的解释变量，吉登斯指出，社会科学对现代性的解释都倾向单一的社会动力，认为这些动力是驾驭社会变迁的唯一力量，例如西方新经济史学派把产权视为影响变迁的最主要变量。即使是马克思、涂尔干、韦伯等的著作及对其观点进行引申者，也都包含这样的趋向。当解释文化变迁时，学界往往倾向于把政权或市场的改变视为重要的变量。尤其在当下的乡村社会，经济力量和市场化往往被解释为单一的变迁性力量，市场经济是一系列意识的统称，是一种道德观，也是一种思维方式，从某种意义上来说，这种思想体系主导了我们社会的形态向现代社会转变的宏大进程。事实上，从宽泛的意义上来看，"经济"是在生产、交换和消费环节中建构起来的社会关系，其中包含了个体的行为和心理动机，更与文化、社会制度甚至政治权力相关联。因此，市场力量确实是当代乡村社会变迁的重要因素，对乡村社会的影响通过文化外层的变

---

① 柯武刚、史漫飞：《制度经济学：社会秩序与公共政策》，韩朝华译，商务印书馆，2000。

化反映出来，但其推动变迁作用的发挥却有赖于乡村文化内核的特征和结构。

所以，传统与现代并不是二元对立的一组变量，它们统一于文化内核和外层以不同的速率、伴随不同的表现特征变迁的过程。学者们从经济和制度建构等方面论证了传统社会与现代社会的区别，马克斯·韦伯认为现代制度的建构是社会法理型权威取代神异型和传统型权威的过程，[①] 卡尔·马克思认为现代社会形成是生产力的高度发达的结果，涂尔干强调了社会分工的作用，[②] 他们一致强调资本主义是塑造现代社会的核心力量。传统与现代似乎难以调和，但传统与现代的关系并不是非此即彼，在现代中往往存续着传统的力量，现代从传统中产生并抛弃一部分传统，传统与现代既相互依存又彼此背离。从传统到现代的过程不是断裂的，而是渐进的。王笛在考察中国社会底层民众与现代化对其日常生活的影响时认为："不能把传统与现代视为从传统到现代化中间的一场简单的转变，而应将其视为从远古时代到无限未来连续体的一部分。"[③] 社会是传统到现代转变轨迹上的游标，在现代化过程中，这个游标离传统极点越来越远，而越来越向现代极点靠近。另外，还应该注意到，变迁并非只是指从传统到现代的变迁。变迁是社会的常态，只是变迁的剧烈程度不同，在某些历史时段，变迁是缓慢流逝和演变，甚至是反复出现和不断重新开始的。前现代社会并非停滞的社会，现代社会的变迁也是从前现代社会中孕育产生的。

二　视域：纵向与横向的移动

本书在乡村社会文化治理的研究中，试图建立起一个较为全面的分析框架，并首先通过研究视角的下沉与上移的纵向移动，进行乡村社会的文化治理与国家治理的分析。本书以村庄为研究基点，探索民间存续的传统力量如何作为内生治理基础形成自主张力，与国家的公共决策力量形成复杂的互动关系。在博弈之外，本书着重研究双方契合性的力量，乡村社会

---

①　马克斯·韦伯：《经济与历史 支配的类型》，康乐等译，广西师范大学出版社，2004。
②　埃米尔·涂尔干：《社会分工论》，渠敬东译，生活·读书·新知三联书店，2017。
③　王笛：《跨出封闭的世界——长江上游区域社会研究（1644—1911）》，中华书局，2001。

的文化治理既有相当的灵活性，具有谨慎试错及低成本纠错的优势，又有赖于与其他制度共同发生作用，作为小传统，与大传统之间的互动即成为乡村社会文化治理不可忽视的面向。乡村社会文化治理与国家治理两个异质性主体，在观念层面互文互疏，在行为层面互构互嵌，在制度层面产生分殊与创变，形成治理的合力。历时分析的角度旨在说明，乡村治理的历史路径反映了文化权力网络的内生性及提供一般公共物品的有效性，行政权力外部楔入是现代化进程，但如果忽视乡村治理的既有路径和传统，乡村治理基于现代化的理论预设将遭遇现实困境，应将文化要素嵌入原有的乡村治理系统中，发挥其资源配置与社会整合的功能。

但纵向的分析方法显然存在不足，其视角单一，且无法解释其他要素形成的社会变迁冲击。因此，将市场化和人口流动作为最重要的乡村变迁要素纳入分析框架，是研究视域横向移动的结果，市场化和人口流动这两个变量的进入，是对当前乡村研究角度单一的回应，可以弥补原有分析框架的不足。市场介入开辟了横向移动的研究视域，而且相关结论在经验层面得到丰富的验证。市场化的冲击和城市化带来的人口流动成为影响乡村治理的重要力量，也凸显了文化在其中的特殊意义和功能。

三 愿景：平衡、包容与合理边界

费孝通在《乡土中国》中，将权力分为横暴的权力、教化的权力和同意的权力。① 文化治理中的权力主体，既有法理权威，也有传统权威，它们的权力来源和行动逻辑完全不相同。因此，真正有效的社会治理，是社会结构平衡机制的建立，当平衡的社会机制建立起来，社会就会组织化而不需要过度的管理。因此，治理的核心并不是某一力量获得压倒性的胜利，而是形成一个各方都可以接受的、合意的、平衡的秩序。② 一元主义或政府中心主义话语应该被摒弃，各方应在平衡和妥协中达成自己的目标。但平衡是短暂的，博弈才是常态，多方的竞争和博弈常常是社会自我

---

① 费孝通：《乡土中国》，江苏文艺出版社，2007。
② 李连江等：《中国基层社会治理的变迁与脉络——李连江、张静、刘守英、应星对话录》，《中国社会科学评价》2018 年第 3 期。

纠错的过程，良性的紧张并不是坏事，行政治理应该对此持包容的态度，并确立各方合理的边界。

乡村社会文化治理与国家治理应该有合理的边界，既要充分发挥乡村社会自身文化治理的功能，又要积极发挥国家的作用。大多数乡村是社会秩序相对良好的地方，但并不是桃花源，将乡村底层诗意化是学界的自我想象。民间信仰和社会伦理传统发挥着巨大的作用，但松散的组织方式使其无法运用强制力，且由于多年的市场化冲击和地方文化的消解，软性约束力常常失效。很小一部分游离于文化约束力的村民，成为由某种既无权利保障又无社会责任意识的"准丛林"状态所塑造出的典型原子化个人，往往为一己之利而利用种种制度裂隙和政策不接轨来"反制"国家在乡村治理上的种种努力。[①] 即使平时良善的村民也会展现其"狡黠"的一面，特别是一些村民的道德分为内外两面，他们认为，在社区内应该诚实守信，而对外人则不必。乡村社会结构已经发生了复杂的变化，传统的乡村治理要素碎片化，无法系统性地发挥作用，乡村社会原有的治理体系以文化为内在机制，通过惯习、风俗、民间信仰等发挥治理作用，但在现代化进程中，乡村原有的环环相扣、层层叠叠的文化结构遭到不同程度的破坏。在乡村社会从简单的传统社会转变为复杂的现代社会的过程中，原有的治理系统能有效提供低层次的公共产品，但仅依靠原有的文化治理体系是远远不够的，也需要国家强制力的规范。国家治理应该发挥更重要的作用，借助地方社会基础和文化传统，锻造一个具有管理公共事务和自我生长能力的乡村社会，并将乡村社会置于国家和市场的政治经济总体系中和更普遍的经济政治社会关系中。

---

① 吴毅：《治道的变革——也谈中国乡村社会的政权建设》，《探索与争鸣》2008 年第 9 期。

参考文献

埃德蒙·R.利奇:《缅甸高地诸政治体系——对克钦社会结构的一项研究》,杨春宇、周歆红译,商务印书馆,2010。

埃米尔·涂尔干:《社会分工论》,渠敬东译,生活·读书·新知三联书店,2017。

爱弥尔·涂尔干:《宗教生活的基本形式》,渠东、汲喆译,上海人民出版社,2006。

安东尼·吉登斯:《民族-国家与暴力》,胡宗泽、赵力涛译,生活·读书·新知三联书店,1998。

安东尼·吉登斯:《现代性与自我认同:现代晚期的自我与社会》,赵旭东、方文译,生活·读书·新知三联书店,1998。

安东尼·吉登斯:《资本主义与现代社会理论——对马克思、涂尔干和韦伯著作的分析》,郭忠华、潘华凌译,上海译文出版社,2013。

安东尼·吉登斯:《现代性的后果》,田禾译,译林出版社,2014。

鲍勃·杰索普:《治理的兴起及其失败的风险:以经济发展为例》,漆燕译,《国际社会科学杂志》(中文版)2019年第3期。

本尼迪克特·安德森:《想象的共同体:民族主义的起源与散布》,吴叡人译,上海人民出版社,2016。

布罗尼斯拉夫·马林诺夫斯基:《西太平洋上的航海者》,张云江译,中国社会科学出版社,2009。

蔡昉:《人口转变、人口红利与刘易斯转折点》,《经济研究》2010年第4期。

曹海林:《村落公共空间与村庄秩序基础的生成——兼论改革前后乡村社

会秩序的演变轨迹》，《人文杂志》2004年第6期。

曹剑光：《国内地方治理研究述评》，《东南学术》2008年第2期。

曹锦清：《黄河边的中国——一个学者对乡村社会的观察与思考》，上海文艺出版社，2000。

曹正汉：《中国上下分治的治理体制及其稳定机制》，《社会学研究》2011年第1期。

陈家建：《项目制与基层政府动员——对社会管理项目化运作的社会学考察》，《中国社会科学》2013年第2期。

陈那波、余剑：《传统乡村社会是如何被组织起来的？——基于土地改革和合作化运动时期的南景村个案分析》，《公共管理与政策评论》2019年第5期。

陈勤奋：《哈贝马斯的"公共领域"理论及其特点》，《厦门大学学报》（哲学社会科学版）2009年第1期。

陈庆德、马翀炜：《文化经济学》，中国社会科学出版社，2007。

陈庆德、潘春梅：《经济人类学视野中的交换》，《民族研究》2010年第2期。

陈庆德、潘春梅、郑宇：《经济人类学》（修订版），人民出版社，2012。

陈硕：《分税制改革、地方财政自主权与公共品供给》，《经济学》（季刊）2010年第4期。

陈云松、张翼：《城镇化的不平等效应与社会融合》，《中国社会科学》2015年第6期。

崔之元：《"混合宪法"与对中国政治的三层分析》，《战略与管理》1998年第3期。

戴维·哈维：《社会正义与城市》，叶超、张林、张顺生译，商务印书馆，2022。

党国英：《我国乡村治理改革回顾与展望》，《社会科学战线》2008年第12期。

邓大才：《中国乡村治理研究的传统及新的尝试》，《学习与探索》2012年第1期。

杜靖：《作为概念的村庄与村庄的概念——汉人村庄研究述评》，《民族研究》2011 年第 2 期。

杜赞奇：《从民族国家拯救历史：民族主义话语与中国现代史研究》，王宪明、高继美、李海燕、李点译，江苏人民出版社，2009。

杜赞奇：《文化、权力与国家——1900—1942 年的华北农村》，王福明译，江苏人民出版社，1996。

方文：《群体符号边界如何形成？——以北京基督新教群体为例》，《社会学研究》2005 年第 1 期。

斐迪南·滕尼斯：《共同体与社会——纯粹社会学的基本概念》，林荣远译，商务印书馆，1999。

费尔南·布罗代尔：《十五至十八世纪的物质文明、经济和资本主义》，顾良、施康强译，生活·读书·新知三联书店，1993。

费尔南·布罗代尔：《资本主义的动力》，杨起译，生活·读书·新知三联书店，1997。

费孝通：《江村经济——中国农民的生活》，商务印书馆，2001。

费孝通：《乡土中国》，江苏文艺出版社，2007。

费孝通、张之毅：《云南三村》，社会科学文献出版社，2006。

费孝通：《中国士绅——城乡关系论集》，赵旭东、秦志杰译，外语教学与研究出版社，2011。

冯猛：《后农业税费时代乡镇政府的项目包装行为：以东北特拉河镇为例》，《社会》2009 年第 4 期。

弗雷德里克·巴斯主编《族群与边界——文化差异下的社会组织》，李丽琴译，商务印书馆，2014。

高彦彦：《城市偏向、城乡收入差距与中国农业增长》，《中国农村观察》2010 年第 5 期。

格里·斯托克：《作为理论的治理：五个论点》，华夏风译，《国际社会科学杂志》（中文版）2019 年第 3 期。

葛兰言：《古代中国的节庆与歌谣》，赵丙祥、张宏明译，广西师范大学出版社，2005。

国家统计局：《中国统计年鉴 2018》，中国统计出版社，2018。

H. 孟德拉斯：《农民的终结》，李培林译，社会科学文献出版社，2010。

郝亚明：《国家认同与族群认同的共生：理论评述与探讨》，《民族研究》
　　2017 年第 4 期。

贺雪峰、董磊明、陈柏峰：《乡村治理研究的现状与前瞻》，《学习与实践》
　　2007 年第 8 期。

贺雪峰：《乡村治理的社会基础——转型期乡村社会性质研究》，中国社会
　　科学出版社，2003。

贺雪峰：《新乡土中国》（修订版），北京大学出版社，2013。

贺雪峰：《治村》，北京大学出版社，2017。

亨利·列斐伏尔：《空间：社会产物与使用价值》，王志弘译，载包亚明主
　　编《现代性与空间的生产》，上海教育出版社，2003。

侯俊丹：《市场、乡镇与区域：早期燕京学派的现代中国想象——反思清河
　　调查与清河试验（1928－1937）》，《社会学研究》2018 年第 3 期。

黄晓春、周黎安：《政府治理机制转型与社会组织发展》，《中国社会科学》
　　2017 年第 11 期。

黄应贵：《反景入深林——人类学的观照、理论与实践》，商务印书馆，
　　2010。

黄宗智：《认识中国——走向从实践出发的社会科学》，《中国社会科学》
　　2005 年第 1 期。

黄宗智：《集权的简约治理——中国以准官员和纠纷解决为主的半正式基
　　层行政》，《开放时代》2008 年第 2 期。

黄宗智：《明清以来的乡村社会经济变迁：历史、理论与现实》，法律出版
　　社，2014。

吉姆·麦克盖根：《文化民粹主义》，桂万先译，南京大学出版社，2001。

江立华、王斌：《农村流动人口研究的再思考——以身体社会学为视角》，
　　《社会学评论》2013 年第 1 期。

金一虹：《流动的父权：流动农民家庭的变迁》，《中国社会科学》2010 年
　　第 4 期。

卡尔·A.魏特夫：《东方专制主义》，徐式谷等译，中国社会科学出版社，
　　1989。

卡尔·波兰尼：《大转型：我们时代的政治与经济起源》，冯钢、刘阳译，
　　浙江人民出版社，2007。

凯文·马尔卡希：《公共文化、文化认同与文化政策：比较的视角》，何道
　　宽译，商务印书馆，2017。

柯武刚、史漫飞：《制度经济学：社会秩序与公共政策》，韩朝华译，商务
　　印书馆，2000。

克利福德·格尔兹：《尼加拉：十九世纪巴厘剧场国家》，赵丙祥译，上海
　　人民出版社，1999。

孔飞力：《中华帝国晚期的叛乱及其敌人》，谢亮生、杨品泉、谢思炜译，
　　中国社会科学出版社，1990。

孔飞力：《叫魂：1768 年中国妖术大恐慌》，陈兼、刘昶译，生活·读书·
　　新知三联书店、上海三联书店，2012。

孔飞力：《中国现代国家的起源》，陈兼、陈之宏译，生活·读书·新知三
　　联书店，2013。

雷蒙·威廉斯：《乡村与城市》，韩子满、刘戈、徐珊珊译，商务印书馆，
　　2013。

李丹：《理解农民中国：社会科学哲学的案例研究》，张天虹、张洪云、张
　　胜波译，江苏人民出版社，2008。

李敢：《文化产业与地方政府行动逻辑变迁——基于 Z 省 H 市的调查》，
　　《社会学研究》2017 年第 4 期。

李红艳、左停：《乡村传播意义下的农村发展》，《新闻界》2007 年第
　　6 期。

李佳：《从资源到产业：乡村文化的现代性重构》，《学术论坛》2012 年第
　　1 期。

李佳：《农村公共文化产品供给模式创新——基于建构秩序与自生秩序结
　　合的视角》，《长白学刊》2012 年第 5 期。

李建峰：《试析全景敞视中不同主体的"非遗"视觉差——以汶川羌族羊

皮鼓舞为例》，《民俗研究》2019 年第 6 期。

李峻石、吴秀杰：《论差异性与共同性作为社会融合的方式》，《青海民族大学学报》（社会科学版）2018 年第 3 期。

李连江、张静、刘守英、应星：《中国基层社会治理的变迁与脉络——李连江、张静、刘守英、应星对话录》，《中国社会科学评价》2018 年第 3 期。

李培林：《巨变：村落的终结——都市里的村庄研究》，《中国社会科学》2002 年第 1 期。

李培林：《村落终结的社会逻辑——羊城村的故事》，《江苏社会科学》2004 年第 1 期。

李培林、李炜：《近年来农民工的经济状况和社会态度》，《中国社会科学》2010 年第 1 期。

李培林、田丰：《中国农民工社会融入的代际比较》，《社会》2012 年第 5 期。

李泽才：《一个基层社区的隐性权力网络与社会结构》，《南京社会科学》2004 年第 1 期。

梁漱溟：《乡村建设理论》，上海人民出版社，2011。

梁永佳：《地域的等级——一个大理村镇的仪式与文化》，社会科学文献出版社，2005。

刘娜：《对传统社会融合理论的批判与重构》，《青海社会科学》2016 年第 1 期。

刘琪：《国家与地方的纠葛与想象——以民国期间的德钦县为例》，《西北民族研究》2013 年第 4 期。

刘守英、熊雪锋：《中国乡村治理的制度与秩序演变——一个国家治理视角的回顾与评论》，《农业经济问题》2018 年第 9 期。

龙太江：《乡村社会的国家政权建设：一个未完成的历史课题——兼论国家政权建设中的集权与分权》，《天津社会科学》2001 年第 3 期。

陆俊杰：《传统东方社会的法律文化与社会治理——基于马克思晚年人类学笔记的法哲学考察》，《理论月刊》2014 年第 8 期。

摩尔根:《古代社会》,杨东莼、张栗原、冯汉骥译,商务印书馆,1971。

吕方、梅琳:《"复杂政策"与国家治理——基于国家连片开发扶贫项目的讨论》,《社会学研究》2017 年第 3 期。

罗伯特·戴维·萨克:《社会思想中的空间观:一种地理学的视角》,黄春芳译,北京师范大学出版社,2010。

罗纳德·哈里·科斯:《论生产的制度结构》,盛洪、陈郁等译,上海三联书店,1994。

马克思、恩格斯:《德意志意识形态》(节选本),人民出版社,2018。

《马克思恩格斯选集》(第 1 卷),人民出版社,2012。

马克斯·韦伯:《经济与历史 支配的类型》,康乐、吴乃德、简惠美、张炎宪、胡昌智译,广西师范大学出版社,2004。

马克斯·韦伯著,约翰内斯·温克尔曼整理《经济与社会》,林荣远译,商务印书馆,1997。

毛丹:《村庄的大转型》,《浙江社会科学》2008 年第 10 期。

米歇尔·福柯:《古典时代疯狂史》,林志明译,生活·读书·新知三联书店,2005。

米歇尔·拉芒、马里奥·路易斯·斯莫尔:《文化多样性与反贫困政策》,黄照静译,《国际社会科学杂志》(中文版)2011 年第 2 期。

潘泽泉:《社会空间的极化与隔离:一项有关城市空间消费的社会学分析》,《社会科学》2005 年第 1 期。

皮埃尔·布迪厄:《实践感》,蒋梓骅译,译林出版社,2003。

齐钊:《社区·区域·历史:理解中国的三种进路——对燕京大学社会学系学术传统与研究特色的再分析》,《开放时代》2013 年第 6 期。

青木昌彦:《比较制度分析》,周黎安译,上海远东出版社,2001。

青木昌彦、金滢基、奥野-藤原正宽主编《政府在东亚经济发展中的作用——比较制度分析》,张春霖等译,中国经济出版社,1998。

渠敬东、周飞舟、应星:《从总体支配到技术治理——基于中国 30 年改革经验的社会学分析》,《中国社会科学》2009 年第 6 期。

任剑涛:《国家的均衡治理:超越举国体制下的超大型项目偏好》,《学术月刊》2014 年第 10 期。

阮荣平、刘力：《中国农村非正式社会保障供给研究——基于宗教社会保障功能的分析》，《管理世界》2011 年第 4 期。

塞缪尔·亨廷顿：《变革社会中的政治秩序》，李盛平、杨玉生等译，华夏出版社，1988。

施坚雅：《中国农村的市场和社会结构》，史建云、徐秀丽译，中国社会科学出版社，1998。

舒瑜：《从清末到民国云南诺邓盐的"交换圈"》，《西南民族大学学报》（人文社科版）2010 年第 7 期。

孙敬良、陈明：《中国农村研究的主体回归与方法论创新——基于当前中国农村治理研究的反思》，《中国农业大学学报》（社会科学版）2015 年第 5 期。

孙立平：《断裂——20 世纪 90 年代以来的中国社会》，社会科学文献出版社，2003。

汤志钧编《康有为政论集》，中华书局，1981。

仝志辉：《村民选举权利救济与村民自治的社会基础建设》，《江苏社会科学》2004 年第 4 期。

童玉芬：《中国农村劳动力非农化转移规模估算及其变动过程分析》，《人口研究》2010 年第 5 期。

托马斯·塞缪尔·库恩：《科学革命的结构》，金吾伦、胡新和译，北京大学出版社，2003。

汪丁丁：《财政理论：西方与中国》，《财经问题研究》2009 年第 1 期。

王春光：《城市化中的"撤并村庄"与行政社会的实践逻辑》，《社会学研究》2013 年第 3 期。

王春光：《新生代农村流动人口的社会认同与城乡融合的关系》，《社会学研究》2001 年第 3 期。

王笛：《跨出封闭的世界——长江上游区域社会研究（1644—1911）》，中华书局，2001。

王锋、魏劲农：《公共空间的社会科学维度研究》，《求索》2013 年第

7 期。

王明珂：《羌在汉藏之间——川西羌族的历史人类学研究》，中华书局，
　　2008。

王铭铭：《村落视野中的文化与权力：闽台三村五论》，生活·读书·新知
　　三联书店，1997。

王铭铭：《人类学是什么》，北京大学出版社，2002。

王铭铭：《社会人类学与中国研究》，广西师范大学出版社，2005。

王铭铭：《王铭铭自选集》，广西师范大学出版社，2000。

王铭铭：《走在乡土上——历史人类学札记》，中国人民大学出版社，
　　2003。

王世贵、何基盛等纂《康熙剑川州志》，大理白族自治州文化局，1986。

王淑娜、姚洋：《基层民主和村庄治理——来自 8 省 48 村的证据》，《北京
　　大学学报》（哲学社会科学版）2007 年第 2 期。

王亚华、高瑞、孟庆国：《中国农村公共事务治理的危机与响应》，《清华
　　大学学报》（哲学社会科学版）2016 年第 2 期。

王志弘：《文化如何治理？一个分析架构的概念性探讨》，《世新大学人文
　　社会学报》2010 年第 11 期。

王志弘编《文化治理与空间政治》，台北：群学出版有限公司，2011。

魏崇辉：《当代中国地方治理中的协商民主、政府责任与公共精神》，《思
　　想战线》2016 年第 2 期。

文军、吴越菲：《流失"村民"的村落：传统村落的转型及其乡村性反
　　思——基于 15 个典型村落的经验研究》，《社会学研究》2017 年第
　　4 期。

吴毅：《何以个案 为何叙述——对经典农村研究方法质疑的反思》，《探索
　　与争鸣》2007 年第 4 期。

吴毅：《缺失治理资源的乡村权威与税费征收中的干群博弈——兼论乡村
　　社会的国家政权建设》，《中国农村观察》2002 年第 4 期。

吴毅：《治道的变革——也谈中国乡村社会的政权建设》，《探索与争鸣》
　　2008 年第 9 期。

武雅士：《中国社会中的宗教与仪式》，彭泽安、邵铁峰译，江苏人民出版社，2014。

项继权：《乡村关系行政化的根源与调解对策》，《北京行政学院学报》2002年第4期。

萧凤霞、刘志伟：《宗族、市场、盗寇与蛋民——明以后珠江三角洲的族群与社会》，《中国社会经济史研究》2004年第3期。

萧公权：《中国乡村：论19世纪的帝国控制》，张皓、张升译，台北：联经出版事业股份有限公司，2014。

肖赞军、柳思维：《中国农村非正规劳动合作的演进——基于一个贫困县的经验研究》，《经济学家》2007年第1期。

徐畅：《近代中国农村农业劳动合作述评》，《吉林省教育学院学报》2005年第3期。

徐勇：《"回归国家"与现代国家的建构》，《东南学术》2006年第4期。

徐勇：《县政、乡派、村治：乡村治理的结构性转换》，《江苏社会科学》2002年第2期。

徐勇：《现代国家、乡土社会与制度建构》，中国物资出版社，2009。

徐勇：《乡村治理与中国政治》，中国社会科学出版社，2003。

徐勇：《"行政下乡"：动员、任务与命令——现代国家向乡土社会渗透的行政机制》，《华中师范大学学报》（人文社会科学版）2007年第5期。

扬·阿斯曼：《文化记忆：早期高级文化中的文字、回忆和政治身份》，金寿福、黄晓晨译，北京大学出版社，2015。

杨菊华：《从隔离、选择融入到融合：流动人口社会融入问题的理论思考》，《人口研究》2009年第1期。

杨菊华：《中国流动人口的社会融入研究》，《中国社会科学》2015年第2期。

杨念群：《"地方性知识"、"地方感"与"跨区域研究"的前景》，《天津社会科学》2004年第6期。

杨念群：《如何从"医疗史"的视角理解现代政治》，《中国社会历史评论》2007 年第 3 期。

杨念群：《"五四"九十周年祭——一个问题史的回溯与反思》，世界图书
　　出版公司，2009。

杨庆堃：《中国社会中的宗教：宗教的现代社会功能与其历史因素之研
　　究》，范丽珠等译，上海人民出版社，2007。

尹海洁、高云红：《流动与固定的悖论：城市流动人口的生存困境——以
　　H 市繁华小区的流动人口为例》，《社会科学战线》2015 年第 12 期。

应星：《草根动员与农民群体利益的表达机制——四个个案的比较研究》，
　　《社会学研究》2007 年第 2 期。

尤尔根·哈贝马斯：《公共领域的结构转型》，曹卫东译，学林出版社，
　　1999。

游祥斌、彭磊：《社会资本——中国"草根民主"的文化基础》，《山西大
　　学学报》（哲学社会科学版）2011 年第 5 期。

于建嵘：《失范的契约——对一示范性村民自治章程的解读》，《中国农村
　　观察》2001 年第 1 期。

于建嵘：《岳村政治：转型期中国乡村政治结构的变迁》，商务印书馆，
　　2001。

约翰·R. 霍尔、玛丽·乔·尼兹：《文化：社会学的视野》，周晓虹、徐
　　彬译，商务印书馆，2004。

詹姆斯·C. 斯科特：《国家的视角——那些试图改善人类状况的项目是如
　　何失败的》（修订版），王晓毅译，社会科学文献出版社，2012。

詹姆斯·C. 斯科特：《农民的道义经济学：东南亚的反叛与生存》，程立
　　显、刘建等译，译林出版社，2001。

詹姆斯·C. 斯科特：《弱者的武器》，郑广怀、张敏、何江穗、刘建译，
　　译林出版社，2011。

詹姆斯·S. 科尔曼：《社会理论的基础》，邓方译，社会科学文献出版
　　社，1999。

张维迎：《博弈论与信息经济学》，上海三联书店、上海人民出版社，2005。

张文宏、雷开春：《城市新移民社会融合的结构、现状与影响因素分析》，

《社会学研究》2008 年第 5 期。

张小军：《"文治复兴"与礼制变革——祠堂之制和祖先之礼的个案研究》，《清华大学学报》（哲学社会科学版）2012 年第 2 期。

赵海涛、刘乃全：《家庭视角下流动人口社会融合差异性研究》，《人口与发展》2018 年第 4 期。

赵世瑜：《小历史与大历史：区域社会史的理念、方法与实践》，生活·读书·新知三联书店，2006。

赵世瑜：《在空间中理解时间：从区域社会史到历史人类学》，北京大学出版社，2017。

赵旭东：《否定的逻辑：反思中国乡村社会研究》，民族出版社，2008。

赵旭东：《乡村理解的贫困——兼评陈柏峰〈乡村江湖〉》，《中国农业大学学报》（社会科学版）2011 年第 1 期。

赵旭东、辛允星：《权力离散与权威虚拟：中国乡村"整合政治"的困境》，《社会科学》2010 年第 6 期。

折晓叶、陈婴婴：《项目制的分级运作机制和治理逻辑——对"项目进村"案例的社会学分析》，《中国社会科学》2011 年第 4 期。

折晓叶：《村庄的再造——一个"超级村庄"的社会变迁》，中国社会科学出版社，1997。

周飞舟：《从汲取型政权到"悬浮型"政权——税费改革对国家与农民关系之影响》，《社会学研究》2006 年第 3 期。

周飞舟、谭明智：《当代中国的中央地方关系》，中国社会科学出版社，2014。

周黎安：《如何认识中国？——对话黄宗智先生》，《开放时代》2019 年第 3 期。

周黎安：《行政发包制》，《社会》2014 年第 6 期。

周黎安：《中国地方官员的晋升锦标赛模式研究》，《经济研究》2007 年第 7 期。

周黎安：《转型中的地方政府：官员激励与治理》，格致出版社、上海人民出版社，2008。

周其仁：《产权与制度变迁——中国改革的经验研究》（增订本），北京大学出版社，2004。

周晓虹：《西方社会学历史与体系》（第一卷 经典贡献），上海人民出版社，2002。

周雪光：《从"黄宗羲定律"到帝国的逻辑：中国国家治理逻辑的历史线索》，《开放时代》2014年第4期。

周雪光：《权威体制与有效治理：当代中国国家治理的制度逻辑》，《开放时代》2011年第10期。

周怡：《寻求整合的分化：权力关系的独特作用——来自H村的一项经验研究》，《社会学研究》2006年第5期。

周永明：《中国网络政治的历史考察：电报与清末时政》，尹松波、石琳译，商务印书馆，2013。

朱新山：《试论传统乡村社会结构及其解体》，《上海大学学报》（社会科学版）2010年第5期。

朱妍、李煜：《"双重脱嵌"：农民工代际分化的政治经济学分析》，《社会科学》2013年第11期。

朱有瓛主编《中国近代学制史料》（第一辑下册），华东师范大学出版社，1986。

左大康主编《现代地理学辞典》，商务印书馆，1990。

David Harvey, *The Condition of Postmodernity：An Enquiry into the Origins of Cultural Change* (Oxford：Blackwell, 1989).

Erik Mueggler, *The Age of Wild Ghosts：Memory, Violence, and Place in Southwest China* (Los Angeles：University of California Press, 2001).

Helen Siu, "Rituals：Politics and Popular Culture in Contemporary Rural China," in Perry Link et al. , eds. , *Unofficial China：Popular Culture and Thought in the People's Republic* (Boulder：Westview Press, 1989).

Louis Wirth, *Urbanism as a Way of Life：The City and Contemporary Civilization* (Chicago：Chicago University Press, 1964).

Mark Moberg, Review of D. Harvey, *The Condition of Postmodernity：An*

Enquiry into the Origins of Cultural Change, *American Ethnologist* 21 (1994).

Maurice Bloch, *From Blessing to Violence: History and Ideology in the Circumcision and Ritual of the Merina of Madagascar* (Cambridge: Cambridge University Press, 1986).

Maurice Freedman, "A Chinese Phase in Social Anthropology," *The British Journal of Sociology* 14 (1963).

Max Weber, *Economy and Society* (Berkeley: University of California Press, 1978).

Omar Liazrdo, "Improving Cultural Analysis: Considering Personal Culture in Its Declarative and Nondeclarative Modes," *American Sociological Review* 82 (2017).

Orlando Patterson, "Making Sense of Culture," *Annual Review of Sociology* 40 (2014).

Raymond Henry Williams, *The Long Revolution* (Columbia: Columbia University Press, 1961).

T. Bennett, "Putting Policy into Cultural Studies," in Lawrence Grossberg et al., eds., *Cultural Studies* (New York: Routledge, 1991).

Thomas M. Schmitt, "Global Cultural Governance. Decision-Making Concerning World Heritage between Politics and Science," *Erdkunde* 63 (2009).

Thomas M. Schmitt, Cultural Governance as a Conceptual Framework (working paper in *MMG Working Paper*, 2011).

图书在版编目（CIP）数据

乡村社会的文化治理 / 李佳著. －－ 北京：社会科
学文献出版社，2023.6
（魁阁学术文库）
ISBN 978 - 7 - 5228 - 1873 - 3

Ⅰ.①乡…　Ⅱ.①李…　Ⅲ.①农村文化 - 文化管理 -
研究 - 中国　Ⅳ.①G122

中国国家版本馆 CIP 数据核字（2023）第 095013 号

魁阁学术文库
乡村社会的文化治理

著　　者 / 李　佳

出 版 人 / 王利民
责任编辑 / 庄士龙　　胡庆英
文稿编辑 / 陈彩伊
责任印制 / 王京美

出　　版 / 社会科学文献出版社·群学出版分社 （010）59367002
　　　　　地址：北京市北三环中路甲 29 号院华龙大厦　邮编：100029
　　　　　网址：www.ssap.com.cn
发　　行 / 社会科学文献出版社（010）59367028
印　　装 / 三河市东方印刷有限公司

规　　格 / 开　本：787mm × 1092mm　1/16
　　　　　印　张：12.5　字　数：192 千字
版　　次 / 2023 年 6 月第 1 版　2023 年 6 月第 1 次印刷
书　　号 / ISBN 978 - 7 - 5228 - 1873 - 3
定　　价 / 89.00 元

读者服务电话：4008918866